나는 챗GPT를
이렇게
사용한다

목회, 교회 교육, 사업, 일상에서
내 손안의 만능 비서, 120% 활용하기

나는 챗GPT를
이렇게 사용한다

김현철 지음

꿈미²째
꿈이있는

예전에는 다른 곳에 전화를 걸려면 전화교환원의 도움이 필요했습니다. 그러나 새로운 기술이 개발되면서 자동화되었고, 오늘날 우리는 편리하게 전화를 주고받습니다. 챗 GPT는 분명 낯선 것입니다. 그러나 앞으로 다양한 곳에서 다양한 방식으로 사용될 무궁무진한 도구입니다. 저자는 이 낯선 도구를 어떻게 목회 현장에 적용할 수 있을지 고민해 보았습니다. 남들보다 앞서 길을 걸어 본 자의 경험을 듣는 것은 유익한 일입니다. 이 책을 통해 목회 현장에 더욱 많은 유익이 이뤄지길 소망합니다.

김은호 목사(오륜교회 설립목사, DNA Ministry 대표)

언제나, 어느 집단에서나 새로운 것은 늘 경계의 대상이 되곤 합니다. 낯선 것이 기존의 것을 파괴할지도 모른다는 두려움 때문입니다. 그러나 진리를 단단히 붙잡은 자들에게 새 것은 더욱 풍성함을 누리게 해주는 도구가 됩니다. 챗GPT가 그렇습니다. 목회 현장에서의 챗GPT 활용은 사역을 도와주는 훌륭한 수단이 됩니다. 이 책을 통해 효율적인 챗GPT의 활용으로 많은 목회자가 목양에 더 집중할 수 있는 환경이 열리길 축복합니다.

주경훈 목사(오륜교회 담임)

언제나 열심히 공부하는 김현철 목사님의 저서들은 큰 감동과 놀라움을 선사합니다. 새로운 필드에 서 있는 사역자들이 시대에 적응하도록 돕는 매우 귀한 책입니다. 이번 책에서도 그동안 많은 책과 실습을 통해 얻은 지혜를 나누어 주셔서 감사합니다. 챗GPT에 대해 어떤 시각을 가져야 하는지, 그리고 활용한다면 어떻게 해야 하는지 책을 읽고 난 후 결정할 수 있었습니다. 이번에도 어김없이 한국교회를 위해 애써 주신 저자와 출판사에 응원과 격려를 보냅니다.

홍민기 목사(라이트하우스무브먼트 대표)

김현철 목사님의 책은 늘 에너지가 넘칩니다. 그리고 명료해서 술술 잘 읽힙니다. 오랜 기간 청소년 사역을 해서 그런지 트렌드를 잘 파악하고 누구보다 빠르게 대응하시는 모습이 인상적입니다. 이 책은 최근 가장 큰 이슈인 챗GPT를 목회와 교회사역에 어떻게 적용할 수 있을지 우리에게 소개하고 있습니다. 매스컴에서 챗GPT에 대해서 이야기는 많이 들었지만, 실제로 어떻게 사용해야 할지 모르는 경우가 많습니다. 이 책은 챗GPT에 대해 천천히 그리고 쉽고 자세하게 설명하고 있습니다. 챗GPT에 대한 기본이해와 교회와 목회 그리고 우리 일상에서 어떻게 활용할 수 있을지 아주 상세하게 소개합니다. 이 책이 우리의 사역과 일상에 아름답게 사용되기를 바라며 기쁜 마음으로 추천합니다.

김관성 목사(낮은담교회 담임)

2023년 4월 호주 멜버른에서 열린 멜버른 프리 유스코스타에서 김현철 목사님을 처음 뵈었을 때, 90분의 집회에서 350장의 PPT 슬라이드를 자유자재로 활용하는 것을 보면서 감탄을 금하지 못했습니다. 다양한 영역의 콘텐츠를 차근차근 빌드업하면서 한 가지 주제로 집중하여 가는 것에 깊은 인사이트를 얻었습니다. 목사님의 강의를 통해 큰 도전을 받았습니다. 2023년 11월, 다니엘기도회에서 간증하기 전 김현철 목사님이 저에게 챗GPT를 소개해 주셨는데, 간증을 준비하는 데 큰 힘이 되었습니다. 제가 김현철 목사님을 통하여 챗GPT를 활용하는 데에 큰 도움을 받았던 것처럼, 많은 목회자분들에게 큰 힘과 도움이 되기를 축복합니다.

스티븐 오 감독(XM2 대표, 할리우드 특수 촬영 감독)

'백구과극'(白駒過隙)이라는 말처럼, 빨리 달리는 흰 망아지를 문틈으로 바라보는 마음으로 이 책을 정독했습니다. '헉. PPT도 버거운데, 쳇, 챗GPT라니!'
무한 질주하는 신문물의 총아를 따라잡기 힘겨운 시대를 절감하고 있습니다. 하지만 느리고 넘어질지언정 알파 세대와 함께하는 2인3각 행진은 멈출 수 없는 노릇 아니던가요? 이 책을 덮는 순간 등산로 나뭇가지에 걸려 있는 노란색 리본들이 떠올랐습니다. AI와 나눈 대화가 얼마나 즐거웠는지, 얼마나 설렜는지요. 앞서 올라간 저자의 기분 좋은 숨소리가 고스란히 느껴졌습니다. 이 책은 나같이 뒤처진 등산객에겐 안성맞춤 노란 리본이 되어 줄 것입니다.

곽상학 목사(다음세움선교회 대표)

참 부지런한 사역자, 참 부지런한 집필자인 김현철 목사의 또 하나의 역작이 나왔습니다. 책을 읽으면서 떠오른 생각은 "김현철 목사가 김현철 목사했다!"입니다. 『메타버스 교회학교』가 그랬고, 『미래세대 프로파일링』이 그랬던 것처럼 말입니다. 지금 이 시대에 꼭 필요한 것을 가장 먼저 사용해 보고, 같은 길을 가는 동역자들이 쉽게 사용할 수 있도록 이번에도 빠른 서비스를 제공했습니다. 말로만 듣던 챗GPT, 사용해야 하나 망설이고 있던 챗GPT. 그런데 이 책을 읽으면서 저의 생각이 바뀌었습니다. '나도 할 수 있겠다. 그리고 이 책이 알려 주는 대로 나도 해 봐야겠다.' 이 책 덕분에 저도 곧 챗GPT를 활용한 사역을 할 수 있을 것 같아 설레기도 합니다. 챗GPT를 목회에 활용하고 싶은 모든 목회자에게 이 책은 최고의 길잡이가 되리라 확신하며 강력히 추천합니다.

전경호 목사(다음세대코칭센터 대표, 힐링하우스 세움 대표)

로마는 길을 만들고, 바울은 그 길을 걸었습니다. AI시대에 챗GPT라는 하이웨이(Highway)가 벌써 지구를 한 바퀴 돌았습니다. 그 하이웨이 위에 김현철 목사님이 서 계신 것을 봅니다. 또한 K-GOSPEL을 들고 그 길 위에 함께 서 보자고 복음의 형제들에게 안내자로서 깃발을 들었습니다. 그 길이 어디와 맞닿아야 온전한 길이 될지에 대해서 내비게이션까지 상세히 그려 주었습니다. 아직도 형제들이 교회 앞마당에서 챗GPT에 대해서 왈가왈부하고 있는 사이에 그는 먼저 힘차게 달려나갔습니다. 그 열정적인 모습이 동역자들에게, 후배들에게 큰 도전이 됩니다. 자랑스러운 선배가 아닐 수 없습니다. 이제 이 책을 손에 드는 일만이 당신에게 남아 있습니다. 펼쳐 보십시오! 그리고 더 멋진 안내자가 되어 한국교회와 다음세대에게 선한 길잡이가 되십시오!

유임근 목사(KOSTA 국제총무)

다음 세대를 사랑으로 품고 그들의 눈높이에 맞게 복음을 전하기 위해 노력하시는 열정의 사역자, 시대를 앞서가시는 목회자이신 김현철 목사님께서 귀한 책을 쓰셨습니다. 우리는 지금 디지털 문명사회를 살아가면서 생성형 AI시대를 경험하고 있고, 스마트폰으로 챗GPT를 사용하고 있습니다. 그런데 중요한 점은 챗GPT가 무엇인지를 전반적으로 이해하고, 챗GPT의 장점과 단점을 객관적으로 분석하고, 챗GPT의 적절한 사용법이 무엇인지를 배우고 나서 제대로 사용해야 한다는 점입니다. 이 책에는 챗GPT에 관한 전반적인 이해, 목회 사역과 교회 교육 가운데 챗GPT를 효과적으로 사용하는 구체적인 방법, 챗GPT의 장점과 단점, 챗GPT 시대에 필요한 능력, 챗GPT를 사용할 때의 주의사항 등의 내용이 담겨 있습니다. 한마디로 이 책은 교회 안에서 챗GPT 활용에 관한 이론과 실제가 담겨 있는 초보 가이드와 같은 책입니다. 챗GPT를 쉽게 알고 싶은 분들, 챗GPT를 목회 사역 가운데 효과적으로 사용하고 싶은 목회자들, 챗GPT를 교회 교육 가운데 적절하게 활용하고 싶은 교회학교 교사들에게 이 책을 강력하게 추천합니다.

김성중 교수(장로회신학대학교 기독교교육과)

이 책은 목회자이자 교육 전문가인 저자가 챗GPT의 실용적 활용법을 탐구한 혁신적인 작품입니다. 이 책은 단순히 기술의 원리를 설명하는 것을 넘어, 실제 목회와 교육 현장이라는 저자가 경험하고 있는 도메인 영역에서 챗GPT를 어떻게 효과적으로 적용할 수 있는지 구체적인 사례와 프롬프트 예제를 통해 보여 줍니다.

저자는 AI 기술을 목회자와 교육자의 필수 도구로 전환하는 방법을 제시하며, 동시대 목회자와 교육 전문가에게 필수적인 지침서가 될 것입니다. 동료 목회자로서, 이 책이 제공하는 심오한 통찰력과 실용적인 조언은 우리의 목회와 교육 방식을 혁신적으로 변화시킬 수 있는 잠재력을 지니고 있음을 확신합니다. 챗GPT를 기술한 다른 책들과 비교했을 때, 이 책은 챗GPT를 목회와 교육의 맥락에서 구체적으로 적용하는 방법에 초점을 맞춘 선도적인 작품입니다. 저자는 우리에게 기술을 인간적이고 영적인 서비스에 통합하는 새로운 패러다임을 제시합니다. 인공 지능 사용을 시작하시는 목회자나 교회 교육을 담당하는 분들은 꼭 한번 읽어 보시기를 추천합니다.

마상욱 목사(스파크AI교육연구소장)

도움을
주신 분들

한 권의 책이 태어나는 것은 혼자만의 수고와 노력으로 만들어지는 것이 아니다.

담임목사가 마음껏 사역하도록 도와주시는 행복나눔교회 성도님들,

여전히 미래세대를 사랑과 믿음으로 섬겨 주시는
김쌍철, 박운규, 황춘식 행복나눔교회 장로님들

담임목사로서 부족한 부분들을 완벽하게 보완하여 주시는
이성수, 조민철 목사님, 김현태 간사님에게 특별한 감사를 드리며

늘 위로와 격려를 해 주시는 곽상학 목사님과
수많은 인사이트를 깨워 주시는 코스타의 유임근 목사님과 스텝들에게 감사를
드린다.

특히 나의 서투른 생각과 모자란 내용을
잘 다듬어서 책으로 만들어 주신
오륜교회 주경훈 담임목사님과 꿈이있는미래의 백상원 목사님,
꿈미출판에 진심으로 감사를 드린다.

이 땅에 생명으로 태어나 한 사람의 사역자가 되도록 양육해 주시고
기도해 주기를 다하시다가 얼마 전 천국으로 이사를 가신 어머니
故 정화자 권사님께 모든 감사를 올려 드린다.

늘 기도해 주며 응원해 주는 김양수 사모에게도 특별한 감사를 드린다.

늘 든든하게 힘을 더해 주는 동생 김현태, 하귀자 집사 부부와 동원이
눈에 넣어도 안 아플 손녀인 아진이와 아인이가
인공 지능의 시대를 살아가는 데 도움이 되기를 바라며
아들 보배와 며느리 혜인에게도 감사를 전한다.

인공 지능의 시대에도 여전히 주인이시며
이 모든 일을 가능하게 하신 주님께 모든 영광을 돌린다.

찬미 예수!

챗GPT란 무엇인가?

머리말

고속도로 휴게소에서 만난 인공 지능

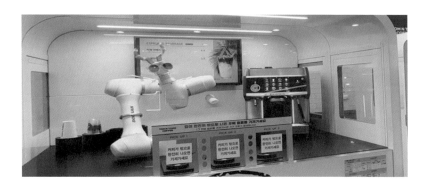

2023년 9월, 경주로 집회를 섬기러 가는 길에 고속도로 휴게소에서 놀라운 광경을 보았다. 말로만 듣던, 로봇 공학과 인공 지능(AI)을 기반으로 한 로봇팔 바리스타가 커피를 만들고 있는 장면이었다. 공상 과학 영화와 뉴스에서나 접하던 인공 지능이 어느새 우리들의 곁으로 깊이 들어와 있고, 우리에게 익숙한 일상을 대체하고 있음을 확인할 수 있었다.

인공 지능은 어디까지 왔나?

인공 지능이 생산한 그림이 디지털 아트 미술 대회에서 우승을 차지하고, 국제 사진 대회에서도 1등을 하며, 도서 집필부터 번역, 삽화까지 불과 7시간 만에 해내어 해당 도서가 서점에서 판매되고 있다. 이뿐만이 아니라 수준급의 작사, 작곡과 요리도 인공 지능이 알아서 하는 시대가 되었다. 2017년에는 로봇 목사가 출현했고, 2023년 6월 9일에는 인공 지능 목사가 인도하는 집회가 진행되기도 했다. 이처럼 인공 지능이 활동하는 영역은 상상을 초월할 정도로 넓어지고 있다.

이제 이전의 상식과 경제의 근본이 변화되고 있다. 2023년 12월 12일의 뉴스에서, 국민은행의 대전 콜센터 직원 240명이 해고 통보를 받았는데, 그 이유가 인공 지능으로 상담을 대체하기 때문이라고 보도하였다.[1] 컴퓨터의 급속한 발달은 대기업의 전유물에서 개인용 PC로 이어졌다. 이제 인공 지능은 대기업뿐만 아니라 개인의 사용까지 가능하도록 성장하였다. 내가 2023년 1학기까지 고신대학교에서 '메타버스와 인공 지능' 수업을 하면서, 챗GPT를 비롯한 구글(Google)의 바드(Bard), 제미나이(Gemini), 메타(Meta)의 라마(LLama), 마이크로소프트(Microsoft)의 빙챗(Bing Chat)과 같은 인공 지능을 소개할 때만 해도 인공 지능의 여러 한계가 보였다. 하지만 2023년 3월 14일, 이러한 한계들을 보완하고, 강점들을 강화한 챗GPT 4.0버전이 발표되면서부터 상황은 달라졌다. "10년 동안에 일어날 변화가 일주일 만에 일어났다"[2]와 가히 새로운 "빅뱅"[3]이라 명할 정도의 큰 변화라는 평이 쏟아졌다.

---

1   곽동화, "AI에 내몰린 상담원…대량해고 현실화", KBS뉴스, "https://news.kbs.co.kr/news/pc/view/view.do?ncd=7840015", 2023. 12. 12. 참조.

2   김덕진, 『AI 2024 트렌드&활용백과』(스마트북스, 2023), 8.

3   김수민, 『챗GPT 거대한 전환』(알에이치코리아, 2023), 53.

도대체, 챗GPT는 무엇인가?

출시되자마자 어마어마한 돌풍을 일으키고 있는 챗GPT는 인간의 언어를 그대로 받아 처리하는 '자연어 처리'(Natural Language Processing, NLP)로 작동한다. 이전에는 컴퓨터와 대화를 하기 위해서는 자바(Java), 파이선(Python)과 같은 기계어(Machine Language)를 별도로 배워야 했다. 하지만 챗GPT는 인간의 언어를 그대로 활용하여 진입 장벽을 낮추었다. 챗GPT는 2017년 구글에서 발표한 트랜스포머(Transformer) 딥러닝 알고리즘을 사용하는데, 이는 한 단어 다음에 다른 단어를 예측하여 문장을 완성해 나가는 것이다.[4] 예를 들어, "내가 조선의"라는 문장이 나오면, 한국인들은 응당 "국모"를 떠올린다.[5] 이는 그동안 드라마, 뮤지컬, 영화, 다양한 패러디를 통하여 학습했기 때문이다. 이처럼 챗GPT는 약 5조 개의 문서를 학습하고, 다시 축적된 데이터들을 또 학습하고 활용하여, 사용자의 질문에 대한 답변을 만들어 낸다. 이를 '생성형'이라고 한다. 이러한 모델을 Large Language Model(LLM)이라고 하는데, 빅 데이터 시대에 등장한 수억 개의 매개 변수를 가진 거대한 언어 모델이며, 대량의 텍스트 데이터에 의해 학습되었음을 뜻한다. 이러한 모델은 주어진 문맥 정보를 바탕으로 텍스트를 생성하거나 이해하는 데 사용된다.

챗GPT는 경제, 예술, 문화, 역사, 문학, 과학, 수학, 상식에 관한

---

4   한민철, 『챗GPT 교사 마스터 플랜』(책바세, 2023), 53.

5   김덕진, 『AI 2024』(스마트북스, 2023), 53.

대량의 문서를 학습하였고, 이를 잘 기억한 상태에서 사용자들이 요구하는 질문을 이해하여 그에 합당한 답변을 생성하여 제시한다. 사용자가 그 생성물에 대하여 더욱 심층적인 질문을 요청하면, 몇 번이고 응답하면서 사용자가 원하는 해답을 만들어 준다. 사용자인 인간은 자기의 전공 분야 외에는 다소 무지하다. 더욱이 자신의 전공 분야에서도 새로운 지식과 기술의 빠른 변화로 인하여 지속적인 학습을 하지 않을 경우 그 흐름을 따라가기가 어려워지고 있다. 이러한 상황에서 챗GPT는 사용자의 강점은 더욱 강화하고, 약점은 보완하여 더욱 효과적인 역할을 감당할 수 있게 하기에 적절한 인공지능이다.

기술의 발전이 가져오는 변화

인간이 농사를 처음 시작할 때에는 인간의 힘만으로 농사를 지었다. 그러다가 소와 같은 가축을 길들여 농사에 활용하면서부터 생산량이 급격히 늘어났다. 이어 기술이 발달하고, 농기구를 사용하면서 대형 농장들이 생겨났고, 농산물의 생산량이 기하급수적으로 높아졌다. 이제는 드론 및 다양한 기술을 더욱 활용하여 사람이 없이도 농사가 가능한 수준에 이르렀다.

인공 지능의 격차와 초격차

"AI는 사람을 대체하지 않습니다. AI를 사용하는 사람이 그렇지 않은 사람을 대체할 것입니다"(AI will not replace you, A person using AI will).[6]

20년 이상 AI 머신 러닝 엔지니어로 일하며 27만 명의 X(트위터) 팔로워를 가진 산티아고 발다라마는 이 현상을 위 문장으로 설명했다. 2023년 12월 21일, 한 신문에서 한때 전 세계의 가전제품 시장을 장악했던 도시바(TOSHIBA)가 창립 148년이 되던 해에 상장 폐지로 몰락했다는 소식을 전하며, 그 이유가 시대의 변화에 적응하지 못하였기 때문이라고 분석했다.[7] 이처럼 급속한 과학 기술의 발달은 거대

6   김덕진, 『AI 2024』(스마트북스, 2023), 17.

7   박해리, "148년 기업 머뭇대다 망했다…삼성이 기술 배우던 도시바 몰락", 중앙일보, https://www.joongang.co.kr/article/25216467, 23. 12. 21. 참고.

한 회사, 개인에게도 아주 심각한 영향을 끼친다. 탄생한 지 불과 1년이 안 된 인공 지능 챗GPT는 그 어떤 문화와 기술이 가진 변화의 속도보다 빠르며, 그 어떤 것보다 빠르게 영향력을 키워 가고 있다. 이제 인공 지능은 인간의 보조 역할을 넘어서 인간들만이 할 수 있다고 여겼던 부분들까지 대체하고 있으며, 그 발전의 속도는 더욱 빨라지고 있다. 앞으로의 시대는 챗GPT로 대표되는 인공 지능을 다룰 수 있는 사람과 그렇지 않은 사람으로 나뉘고, 그 사이의 격차는 갈수록 커져, 회복이 불가능한 초격차로 벌어질 수 있다.

챗GPT의 무한 확장 시대

이러한 편리성과 효율성으로 인해 챗GPT는 기업, 금융, 의료, 제조업, 언론, 교육, 예술, 문화, 대중 문화, 콘텐츠 제작, 종교 등의 영역에서 보다 효과적인 만능 비서로 획기적인 성과들을 거두고 있다. 시대가 인공 지능의 시대로 급속히 재편되기에, 이제 이 변화를 이해하고 준비하는 것은 선택이 아니라 필수다. 인공 지능이 대체하는 것은 어떤 특별한 전문적인 영역이 아닌, 거의 모든 영역일 수 있다. 그러므로 인공 지능을 이해하는 것은 인공 지능의 시대를 살아가는 모든 이들에게 주어진 시대적 사명이다.

챗GPT를 만능 비서로 활용하기

　앞서 이야기했던 챗GPT는 자연어를 활용하기에, 진입 장벽이 낮다. 게다가 챗GPT 3.5버전의 경우에는 무료로 활용이 가능하여 누구든지 계정만 만들면 사용할 수 있다. 챗GPT 3.5버전을 사용해 보다가 실망하는 경우들이 있는데, 챗GPT 4.0버전을 사용해 보면 챗GPT 3.5버전과는 차원이 다름을 알 수 있다. 또한 스마트폰과 노트북, 태블릿을 활용하면 언제 어디에서나 활용할 수 있기에 챗GPT를 기본적으로 다룰 줄만 안다면, 챗GPT를 나만의 만능 비서로 활용할 수 있다.

　이 책은 챗GPT를 보다 쉽게 이해하고, 저마다의 영역에서 활용할 수 있는 기회를 제시하기 위해 집필되었다. 어느 분야든 챗GPT를 통해 프로그램을 기획하며 구상하고, 이를 진행하는 일에 24시간 조언을 구하며 시장 조사를 하는 일들이 가능해진다. 이를 인지하고, 챗GPT로 대표되는 인공 지능을 보다 효과적으로 이해하면서, 새로운 시대에 적응할 수 있다. 또한 적응을 넘어 누구라도 챗GPT를 효과적으로 활용하면서 인공 지능의 시대를 감당하게 되기를 소망한다.

만능 비서 챗GPT

영화 <인터스텔라> '타스'의 활약

"4! 3! 2! 1! 엔진 부스터 점화!"
"엔진 작동 완료, 회전 프로그램
시작! 1단 발사체 분리 준비!"
"내 로봇 식민지의 노예들이여
괜찮은가?"

영화 〈인터스텔라〉에서 지
구의 위기를 해결하기 위하여 우주여행을 시작하는 로켓이 발사될
때의 장면이다. 이때 로켓의 모든 작동은 인공 지능 '타스'가 진두지휘
한다. 현실은 어떠한가? 로켓이 발사되어 대기권을 돌파할 때는 고도
의 집중력을 발휘하여 신속히 대응해야 한다. 로켓의 발전 초기에는
이 모든 일을 우주 조종사들이 맡아서 진행했다. 하지만 근미래를 그
린 영화 속에서는 인공 지능이 발달하면서 복잡하고 힘든 절차를 인
공 지능이 맡아서 진행한다. 타스는 로켓 발사의 모든 과정을 책임지
면서 안전하게 이륙한다. 이 과정에서 우주비행사들이 긴장하지 않도
록 농담까지 던지기도 하며, 타스의 활약은 불가능한 임무를 성공시
키는 데 큰 도움이 되었다.

영화 <아이언맨> '자비스'의 활약

"자비스 깨어 있나?"

"물론입니다."

"자비스 이걸 스캔해서, 입체 영상으로 띄워 줘."

"1974년 엑스포 모델 스캔 완료했습니다."

"건물이 몇 개지?"

"와플 가판대도 포함할까요?"

"상관없어. 일단 보여 줘."

영화 〈아이언맨〉의 주인공 토니 스타크는, 자기 몸을 지켜주는 장치에서 독성이 배출되는 것을 알게 된다. 이로 인해 그의 건강은 점점 악화되고 있어서, 자신의 몸속에서 독성을 중화하거나, 장치를 대체할 새로운 방법을 찾아야 했다. 1974년 스타크 엑스포에서 토니의 아버지, 하워드 스타크가 남긴 모델이 그 해답의 키가 되었다. 토니는 이 모델에서 아버지가 그에게 남긴 메시지와 새로운 원소의 합성 방법을 발견한다. 이 과정은 고도의 지적인 능력이 필요하고, 오랜 시간을 계속 연구해야 한다. 토니는 그의 인공 지능인 자비스의 도움을 지속적으로 받으면서 마침내 해법을 얻게 된다.

이러한 인공 지능의 활약은 단지 영화의 영역에서만이 아니라, 이미 현실에서 실용화되고 있으니, 바로 챗GPT이다.

나도 챗GPT를 활용할 수 있다

2023년 다니엘기도회에서 〈할리우드에서 동행하시는 하나님〉이라는 제목으로 간증을 전하셨던 스티븐 오 감독님은 2023년 4월, 호주 멜버른 유스코스타에서 처음 뵌 이후, 돈독한 만남을 이어 왔다. 오 감독님이 다니엘기도회에서 간증하시기 며칠 전, 나는 오 감독님을 만나 챗GPT에 대해 이것저것 이야기하며 설명과 시범을 보여 드렸다. 그러자 오 감독님은 만남 이후 곧바로 가입하시고는 여러 작업을 해 보고, 나에게 작업물을 보내 주셨다. 그리고 며칠 후 다니엘기도회에서 챗GPT를 활용하여 간증을 하셨는데, 나는 굉장히 놀라웠다. 스티븐 오 감독님의 메시지에 엄청난 변화가 있었기 때문이었다. 멜버른에서는 본인의 삶의 과정은 말로, 하는 일은 동영상과 사진을 위주로 말씀하셨다. 그런데 다니엘기도회에서는 삶의 과정과 다양한 비전을 설명하실 때 챗GPT를 통하여 만든 이미지들을 적극적으로 활용하여 말씀을 전하셨다. 불과 몇 개월 전의 호주에서와 메시지는 동일했지만, 다채로운 이미지가 더해지니 메시지의 파워가 훨씬 더 강력해졌

음이 느껴졌다.

하루는 니카라과의 김성헌 선교사님이 어느날 챗GPT 사용법에 대한 문의를 하셔서, 챗GPT로 그림을 그리는 기능을 간단하게 알려 드렸다. 이후 선교사님은 챗GPT를 활용하여 작업하신 이미지를 SNS에서 나누어 주셨다. 챗GPT를 활용하여 만든 이미지들이 선교 사역을 하며 상당히 도움이 되었다고 하셨다. 제작한 이미지를 통해 선교지의 어린이, 성도들에게 말씀을 전할 때 더욱 풍성한 자료를 제공할 수 있었기 때문이다. 이처럼 챗GPT는 전문가가 아니더라도 여러 부분에 있어서 활용 가능하고, 삶의 곳곳에서 획기적인 도움을 제공한다.

일주일만 하면, 누구라도 챗GPT를 사용할 수 있다

컴퓨터와 인터넷의 보급이 시작되었던 1998년, 컴퓨터와 인터넷을 어렵게 생각하는 이들을 위하여 놀라운 가이드북이 나왔다. 『컴퓨터, 일주일만 하면 전유성만큼 한다』, 『인터넷, 일주일만 하면 전유성만큼

한다』 당시 개그맨으로 활동하던 전유성 씨는 이 책을 통해 컴퓨터와 인터넷에 대해서 전혀 지식이 없는 이들에게 컴퓨터와 인터넷을 할 수 있는 자신감을 불어넣어 주었다. 이 책들로 인하여 컴퓨터와 인터넷은 전문가들만 사용하는 것이 아니라, 누구라도 사용할 수 있다는 인식의 전환을 가져왔다.

그동안 챗GPT와 관련한 다양한 책과 강의를 살펴보며 내가 느낀 것은 '너무 어렵다'였다. 전문 강사들의 강의는 다소 난해하였고, 책들은 이해하기가 어려웠다. 대부분의 강의와 책은 챗GPT의 역사, 작동 원리를 구체적인 수치를 들어서 설명하는 것이 대부분이었다. 강의와 책에서 최대한 쉽게 설명하려고 하였지만, 챗GPT를 잘 알지 못하는 분들에게는 오히려 높은 진입 장벽이 될 것 같았다.

자동차의 구조를 제대로 알지 못해도 운전하는 데는 지장이 없다. 시동을 걸 때 어떤 원리로 작동되는지 알지 못해도, 운전하는 데 전혀 문제될 것이 없다. 스마트폰의 원리와 앱(App)의 코딩을 몰라도, 앱을 충분히 활용하는 것처럼, 챗GPT의 원리를 제대로 알지 못해도 누구나, 얼마든지 활용할 수 있다.

내가 한다면 누구나 할 수 있다

나는 기계에 대해서는 문외한이다. 심지어 프린터 수명이 다하여 새로운 프린터를 구입해도, 누군가가 도와주어야 설치가 가능할 정도이다. 이처럼 기계에 대해서는 잘 알지 못하는 나도 챗GPT를 다양하게 활용하고 있다. 그렇다. 내가 할 수 있다면, 누구나 할 수 있다. IT 분야에서 탁월한 사역을 하시는 마상욱 목사님은 챗GPT의 효용성에 대하여 이렇게 말씀하셨다. "손이 할 수 있는 것은 챗GPT에게 맡기고, 머리가 할 수 있는 일에 집중하자." 인터넷이 보급되던 시기로 돌아가 생각해 보면, 낯설다며 거부한 이들이 많았다. 그로부터 지금은 어떻게 변하였나? 인터넷 없이는 살아갈 수 없는 세상이 되었다. 인터넷이 보편화되지 않았을 때에는, 설교나 강의를 준비하려면 책이나, 신문, 논문을 찾거나 전문가를 만나야 했다. 인터넷이 활성화된 지금은 인터넷을 활용하여 폭넓은 정보를 자유자재로 활용할 수 있다. 이제 인공 지능이 급속도로 발달되어 가는 시대에서 목회자들이 챗GPT를 제대로 활용할 수 있다면, '영혼을 섬기는 본질적인 일에 더욱 집중'할 수 있을 것이다. 또한 다양한 분야에 종사하시는 분들도 본래의 업무에서 챗GPT로부터 큰 도움을 받을 수 있을 것이다. 이제 우리에게는 최고의 보조이자 비서가 생겼다.

좋은 장비가 좋은 결과를 만든다

전동 드라이버를 한번 사용해 보면, 손으로 작업하던 시절로 돌아갈 수 없다. 뛰어난 고수는 장비를 탓하지 않는다고 하지만, 보통의 사람은 탁월한 장비를 사용할 때 더욱 효율적인 작업을 할 수 있다. 좋은 장비의 발달은 시간과 노력에 매이지 않고, 여유롭게 활용할 수 있는 기회를 제공해 주었다. 이는 다양한 사무적인 영역에서도 마찬가지이다. 예를 들어, 1990년대 후반까지 교회의 사무 행정은 직접 손으로 하면서 많은 시간과 에너지가 허비되었지만, 이후 사무 기기들의 발달로 더욱 본질적인 사역에 집중할 수 있게 되었다.

나는 챗GPT를 활용하면서 목회에 다양한 도움을 얻을 수 있었다. 목회 계획을 세울 때, 설교를 준비할 때, 본문 연구와 더불어 필요한 예화를 작성하는 일에 도움을 얻었다. 특히 어린이다니엘기도회를 비롯한 다양한 집회에서, 설교를 위한 PPT를 제작하는 일에 큰 도움을 얻었다. 또한 내가 잘 모르는 생소한 분야에 대한 지식도 챗GPT의 도움을 받아 이해의 폭이 넓어지게 되었다. 시간과 노력이 많이 소모되는 일들에 챗GPT를 적절히 활용하고 처리하면서, 본질에 더 많은 에너지를 투자할 수 있게 되었다.

챗GPT를 다양하게 활용하면서 발견한 노하우를 많은 이와 함께 나누고 싶다는 마음 하나로 챗GPT 활용 실전 매뉴얼을 담은 이 책을 준비했다. 이 책을 집필하는 과정에서도, 챗GPT의 도움을 많이 받았다. 이 책에 나오는 대부분의 자료가 챗GPT를 통해 받은 결과물이다. 이처럼 챗GPT를 활용하여, 많은 노력과 시간을 절감하고, 다양한 사역을 하게 된 과정을 함께 나누고 싶다.

이 책은 특별한 기능을 설명하는 심화 서적이 아니다. 이 책은 목회자들과 사역자들이 목회 현장과 교회 교육 현장에서 챗GPT를 어떻게 사용할 수 있는가에 대한 실제적인 매뉴얼이다. 이 책은 가장 기초적인 활용법을 제시한다. 이를 통해 챗GPT 활용법의 기초를 다지고, 심화 과정으로 나아가기를 추천한다. 이 책이 챗GPT를 보다 쉽게 이해하고 효율적으로 활용하는 데 도움이 되기를 간절히 소망한다.

파트 요약

챗GPT는 특별한 훈련과 자격을 얻어야만 활용할 수 있는 것이 아니다. 챗GPT는 누구라도 활용할 수 있다. 챗GPT를 제대로 활용하면 다양한 영역에서 적절한 도움을 받아 아주 효율적인 성과를 거둘 수 있다.

목차

PART 1 챗GPT의 이해

PART
1

챗GPT의
이해

전체 개요

점차 복잡하고 단위가 큰 계산을 요하게 된 인간은 더욱 기능이 발달한 도구를 필요로 하게 되었다. 단순히 계산을 도와주는 도구에서 시작하여, 정밀함이 요구되는 작업을 수행하는 기계를 발명하고, 마침내 사람의 지능을 대체하는 인공 지능을 탄생시켰다.

그중 하나인 챗GPT는 다양한 영역의 사람에게 효과적인 도움을 주고 있다. 특별히 훈련된 고도의 숙련자들만이 사용할 수 있는 것이 아니라, 누구라도 활용할 수 있어 한 사람이 들일 시간과 수고를 줄여 주어 각 사람이 제 사명에 더욱 집중하게 되었다.

챗GPT를 이렇게 사용한다

1

1) 어린이다니엘기도회 PPT 설교

집회가 시작되기 전부터 기대와 설렘이 가득했던 2023 어린이다니엘기도회 이야기를 해 보고자 한다. 현장에서만 650명의 어린이들이 모이고, 전국과 전 세계로 중계되는 큰 기도회의 설교를 요청받고 나는 한참을 고민했다. 어떻게 하면 한 시간 동안 650여 명의 어린이들을 설교에 집중하게 할지 고민이었다. 또한 온라인으로 참여하는 유초등부 학생들의 시선까지 사로잡기란 매우 어렵다. 나는 이를 해결하고자, 다양한 이미지를 활용한 PPT로 설교를 준비했다. 50분의 설

교에 180장의 슬라이드를 사용했고, 그중 62장의 슬라이드를 챗GPT
로 제작했다.

어린이다니엘기도회는 '다니엘 키즈'(Daniel Kids)라는 애칭을 캐치
프레이즈로 정해 어린이다니엘기도회의 정체성을 드러냈다. 나는 여
기에 깊은 감동을 받아, 기도하는 어린이를 키워드로 하여 'Daniel
Kids'를 챗GPT에 요청하여 캘리그래피 20장을 만들었다. 챗GPT를
활용하자 다양한 버전으로 캘리그래피 그림을 만들 수 있었다. 이후 어
린이다니엘기도회 담당 목사님에게 공유하자 너무 좋아하셨다. 챗GPT
가 어린이들과 소통할 수 있는 특별한 도구가 되었다.

나는 그림에 대해서는 문외한이라 머릿속에서 떠오르는 이미지를
구체적으로 표현하는 것이 거의 불가능하다. 하지만 챗GPT에게 내가
원하는 이미지를 지시하자 손쉽게 결과를 얻을 수 있었다. 챗GPT는
내가 결코 할 수 없는 작업을 순식간에 결과물로 만들어 주는 특별한
능력이 있다. 그림과 컴퓨터에 문외한인 내가 챗GPT를 활용하자 내가
할 수 없는 일을 수행할 수 있게 된 것이다.

2) 예배 직전 해답을 찾으라

주일 오전에 강단에 올라가기 직전에 문득 천동설과 지동설을 도입부에 쓰고 싶다는 생각이 떠올랐다. 그날 설교의 제목은 '편견을 넘어서 진리로'였다. 욥기를 본문으로 준비했는데, '편견'을 잘 설명할 예화로 '천동설'과 '지동설'이 떠올랐다. 그런데 천동설과 지동설이 주장된 정확한 연도가 생각나지 않아, 곧장 챗GPT에게 질문했다. 이제 곧 예배가 시작되는 급박한 시간이었지만, 챗GPT에게 질문하니 즉시 해답을 얻게 되었다. 코페르니쿠스가 1543년에 지동설을 주장하였고, 갈릴레오는 1633년에 지동설에 관한 재판을 받았다.

여기에 더해 다른 이야기로 더욱 보완하면 좋겠다는 생각이 들면서 '양자역학' 발전에 큰 영향을 끼친 '솔베이 회의'가 생각이 났다. 인간 역사상 최고의 천재라고 하는 아인슈타인은 상대성이론을 통하여, 과학의 역사를 완전히 바꾸었다. 하지만 아인슈타인은 양자역학을 결코 수용하지 않았다. 아인슈타인은 아주 격렬한 표현으로 양자역학을 비난하였고, 이 문제를 해결하기 위하여 솔베이 회의가 열렸다. 나는 강단에 올라가기 전에 다시 챗GPT에게 정보를 요청하였는데 순식간에 답변을 얻었다. 그리고 유명 석학들이 많이 참석했던 제5차 솔베이 회의에 모인 학자들의 이름을 알려 달라고 요청하자 영어로 답변이 와 이를 한국어로 번역해 달라고 하자 즉시 이름을 번역해 주었다.

만일 이를 인터넷 검색으로 찾으려고 하면 상당히 많은 시간이 걸렸을 것이다. 인터넷으로 검색을 하면, 이와 연관된 다양한 자료가 나오고 그 자료 중에서 필요한 자료를 일일이 확인하며 찾아내야 한다. 원하는 정보를 얻을 때까지 수차례 반복해야 하는 과정을 챗GPT를 통해서는 한 번에 해결할 수 있다. 내가 원하는 질문에 대한 답을 맞춤형으로 정확하게 찾아 준다. 더욱이 해외의 자료도 내가 이해할 수 있는 문장으로 즉시 번역하여 준다. 물론 여기서도 챗GPT가 정확한지를 분별하는 과정 또한 필요하다.

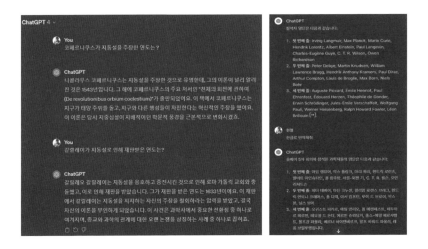

3) 반려견 사망 위로 예배

현대 사회는 예전과 비교조차 안 될 만큼의 변화가 일어나고 있다. 그 결과 사람들의 의식 구조가 이전과 완전히 달라졌다. 이전에 동물로만 생각했던 강아지가 이제는 애완동물의 단계를 지나, 반려동물의 지위를 얻는 시대가 되었다. 함께 생활하는 반려동물을 하나의 가족으로 인식한다. 비교적 젊은 세대만이 아니라, 노년 세대도 반려동물을 의지하여 여생을 보내는 경우가 많아졌다. 이로 인해 반려동물의 사망은, 단지 동물의 죽음이라는 의미를 넘어섰다. 반려동물의 죽음을 기리며, 장례를 치르기도 하고, 이를 대행하는 장례 서비스도 새로운 사업으로 두각을 나타내고 있다.

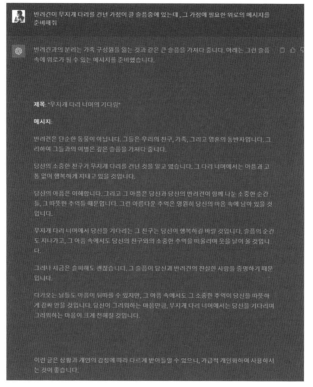

챗GPT의 비기독교적 답변

나는 챗GPT를 이렇게 사용한다

이러한 상황은 교회 안에서도 발생한다. 반려동물의 죽음에 담임 목회자에게 위로 예배를 요청하는 사례도 발생하고 있다. 그렇다면 이러한 상황에서 어떤 본문을 선정하고, 설교의 주제를 어떻게 정하며 진행할 것인가를 고려해야 하는 시대가 되었다. 이러한 상황은 자신이 목회하는 현장에서도 얼마든지 발생할 수 있다. 목회자는 항상 어떤 상황에서도 기독교 세계관으로 해석하며, 하나님의 말씀인 성경을 근거로 설교할 준비를 해야 한다. 만일 이러한 상황에 발생하면 선배 목회자나 신학교 교수에게 도움을 청하여도, 전례가 거의 없는 상황에는 적절한 조언을 얻기가 쉽지 않다. 하지만 챗GPT를 활용하면, 이 문제에 큰 도움을 얻을 수 있다. 이 상황을 전제로 하여 챗GPT에 도움을 요청하면 곧바로 답변을 얻을 수 있다. 하지만 그 답변이 기독교 세계관으로는 수용하지 못할 내용이라면 성경적인 가치관으로 수정해 달라는 주문을 통해 즉시 수정하여 사용이 가능하다.

4) 코파일럿과 사이드킥으로서의 챗GPT

비행기를 조종하는 파일럿(Pilot)은 부조종사인 코파일럿(Co-Pilot)의 도움을 받는다. 파일럿은 조종실 내부의 복잡한 계기판을 점검하고, 항상 정확한 판단을 내려야 한다. 파일럿의 순간적인 판단 착오는 큰 사고로 이어질 수 있기에 코파일럿의 역할은 아주 중요하다. 코파일럿은 파일럿이 실수할 수 있는 부분을 메워 주고 중요한 결정을 내려야 할 상황에서는 파일럿을 도와 안전한 비행이 가능하게 한다.

영화에서 커다란 위기를 해결하는 영웅에게는 그를 협조하고 도와주는 사이드킥(Sidekick)이 있다. 배트맨에게는 로빈이 협력하여 임무를 수행하도록 돕고, 명탐정 셜록에게는 왓슨이 보조 역할을 수행하면서 사건들을 해결한다. 기업을 운영할 때는 전문가들의 조언이 필요하다. 기업에서는 법조인, 마케팅 전문가, 국제 전문가들, 심리 전문가 등에게 자문을 구하는 이유도 이와 같다. 이러한 전문가 그룹들은 돌발적으로 발생한 상황에서, 각종 자료와 전례들을 찾고 조사하여 최적의 대응법을 찾아서 최선의 해답을 찾아서 제공한다. 하지만 이를 유지하려면 막대한 비용을 지불해야 한다. 시대가 급변하며, 급증하는 지식의 시대에 사역하는 목회자에게 챗GPT는 코파일럿과 사이드킥으로서의 역할을 해 줄 수 있다. 챗GPT는 사용자가 필요로 하는 각 분야 전문가들의 입장에서, 사용자를 항상 자문하는 기능을 수행할 수 있다. 이러한 놀라운 기능의 챗GPT는 어느날 갑자기 하늘에서 떨어진 것이 아니라, 점진적인 기술의 발달에 따른 결과물이다. 과학과 기술이 점차 발달하면서, 사람을 효율적으로 돕는 기계들이 점차 발전하면서 등장했고, 그 최종점인 인공 지능 챗GPT로 우리 앞에 나타난 것이다.

2 인공 지능(AI)과 챗GPT의 발전

미래학자인 앨빈 토플러 는 1982년에 저술한 『제3의 물결』에서 인류 문명의 변화 를 거대한 물결로 설명하였 다. 수렵에서 농경 문화로의 변화를 '제1의 물결', 농경 문 화에서 산업 사회로의 변화  를 '제2의 물결', 산업 사회에서 정보 사회로의 변화를 '제3의 물결'로 표현하였다. 시대를 휩쓸고 변화시킨 이 거대한 물결을 인공 지능의 변화에도 적용하여 표현해 본다면 다음과 같다.

1) 제1의 물결

1999년, 미국의 주간지 「타임」에서 선정한 '20세기에 가장 영향력 있는 100인' 중 한 명인 앨런 튜링[8]은 제2차 세계 대전 당시에 독일의 복잡한 암호를 해독하는 절체절명의 임무를 받았다. 영화 〈이미테이션 게임〉에서 묘사된 것처럼, 수학 천재들을 모아 계산 작업에 투입시켰지만, 각종 문제와 사고들이 생겼다. 앨런 튜링은 사람을 대신하여 계산하는 기계의 필요성을 절감하고, 이를 제작하였다. 아무리 뛰어난 인재들이 작업을 진행해도, 사람이 하는 일에는 오류가 생길 수밖에 없다. 또한 사람들은 지속적으로 일할 수 없다. 하루에 필요한 기본 수면이 있고, 규칙적인 식사와 휴식의 시간도 필요하다. 그리고 저마다의 성격과 일하는 방식이 달라 작업에 문제들이 발생할 가능성이 높다. 하지만 기계는 전원과 정보를 제공하면 오류 없이 무한에 가깝게 일정한 방식으로 작업할 수 있었다. 이러한 이유로 인하여 인간에 비하여 더 빠르고 정확하며 효과적인 답을 하는 계산하는 기계의 필요성이 요청되었다. 오펜하이머가 독일 나치보다 앞서 원자폭탄을 만드는 맨해튼 프로젝트를 진행할 때도 같은 문제가 발생했다. 앨런 튜링은 여러 차례의 시행착오를 거쳐, 마침내 자율적으로 계산하는 기계를 개발하였다. 이 기계는 독일의 암호 체계를 해독하게 되었고, 이로 인해 전쟁의 승리에 엄청난 기여를 하게 되었다.

---

8   궤도, 「과학이 필요한 시간」(동아시아, 2022), 49.

2) 제2의 물결

인공 지능은 1956년 미국 다트머스대학교 교수인 '존 매카시'가 다트머스 컨퍼런스를 주최하면서 처음 사용된 용어이다.[9] 1950년대 냉전 시기에, 상대를 제압할 최종 병기를 개발하려고 치열하게 대결하면서 인공 지능 분야에도 큰 발전이 있었다. 인공 지능에 대한 연구가 더해지면서, 인공 지능이 인간의 지능에 육박하더니, 마침내는 점차 인간의 능력을 추월하기 시작하였다. 1997년 5월 IBM의 '딥블루'가 세계 체스 챔피언 카스파로프를 꺾었고, 2011년 12월 IBM의 '왓슨'은 퀴즈쇼 〈제퍼디!〉에서 우승을 차지했다.[10]

2016년 3월에 펼쳐진 이세돌과 인공 지능 '알파고'의 대결에서 많은 전문가가 이세돌의 압승을 예상했다. 체스나 퀴즈쇼와는 달리, 바둑은 계산의 영역을 넘어서는 무한의 변수가 있기에 인공 지능이 인간을 이길 수 없다고 생각했다. 하지만 막상 대국이 시작되자, 예측 불가의 방식으로 바둑을 두는 알파고를 이세돌은 감당하지를 못했다. 이를 지켜보던 사람들은 경악할 수밖에 없었다. 끝내 이세돌은 1승 4패로 패배했고, 이를 계기로 인공 지능에 대한 대중의 의식

---

9   최재용 외, 『이것이 챗GPT다』(미디어북, 2023), 26.

10   최재용 외, 『이것이 챗GPT다』(미디어북, 2023), 29.

은 급속히 달라지기 시작하였다.

3) 제3의 물결
압도 – 인공 지능의 급속한 발달로 인간과의 초격차가 시작되는 시기

인공 지능이 인간의 능력을 압도적으로 넘어서면서, 이를 그저 화젯거리로 생각하던 것이 점차 달라지기 시작했다. "충분히 발달한 과학기술은 마법과 구분할 수 없다"[11]라는 아서 클라크의 말처럼 인공 지능의 발달은 마치 마법과 같은 특별한 능력을 나타내며, 인간의 영역 속으로 침투하기 시작했다. 인공 지능은 IT 영역만 아니라, 실생활에서 인간의 노동력을 대체하기 시작하였다. 인공 지능은 그 성능에 따라 세 가지로 구분한다. 단순 작업을 하는 약인공 지능(Weak Artificial Intelligence), 인간 모방을 넘어 인간을 능가하는 강인공 지능(Strong Artificial Intelligence), 또는 AGI(Artificial General Intelligence), 그리고 인간의 지능을 초격차로 넘어서는 초인공 지능(Super Artificial Intelligence)이다.[12]

2022년 11월 30일에 챗GPT 3.5버전이 소개되면서 인공 지능 영역에서 큰 변화가 일어났다. 챗GPT는 다양한 인공 지능 플랫폼이 경쟁적으로 출시되는 현상을 촉발시켰다. 구글에서는 바드, 제미나이를,

---

11 박태웅, 『박태웅의 AI 강의』(한빛비즈, 2023), 5.
12 최재용 외, 『이것이 챗GPT다』(미디어북, 2023), 36.

나는 챗GPT를 이렇게 사용한다

마이크로소프트에서는 빙챗을 출시했다. 현재 국내 대기업에서도 AI의 개발이 폭발적으로 일어나고 있다. 더욱이 2023년 5월에 챗GPT가 4.0버전으로 업데이트되면서부터는 인간의 많은 부분을 인공 지능이 대체하거나, 능가하기 시작했다. 이러한 인공 지능의 급성장에 위협을 느낀 미국 작가 조합은 2023년 5월 2일에 AI를 활용한 각본 집필 규제 문제를 핵심으로 한 파업을 선언하였다. 여기에 미국 배우 조합도 동참하면서, 미국에서의 영화 제작이 중단되기도 했다. 결국 4개월이 지난 2023년 9월 27일에 작가 조합의 요구가 일부 수용되면서 파업은 끝이 났다. 이 사건은 인공 지능의 지나친 발전에 대한 인간의 위기감을 보여 주는 대표적인 사건이 되었다. 이러한 추세는 계속 진행되면서 인공 지능이 사람들의 영역을 앞서 나가며, 점차 압도하고 있는 현실을 보여 주고 있다.

4) 제4의 물결
공존 - 인공 지능과 인간의 융화

인공 지능을 대립의 개념이 아니라 상생의 기준으로 보려는 움직임도 일어나고 있다. 최근 챗GPT에 도움을 받아 판결문을 작성하는 판사의 사례도 있고, 코딩 고급 기술자가 수행하는 코드의 오류를 챗GPT가 진단하기도 한다.[13] 인공 지능을 어느 특정한 계층의 사람들만

---

[13] 변문경 외, 『ChatGPT 인공지능 융합교육법』(다빈치books, 2023), 18.

의 전유물이 아니라, 모두가 자유롭게 활용하는 시대가 되었다. 인간과 대립하고 지배하는 영화 〈터미네이터〉에서의 '스카이넷'과는 달리 인간과 함께 공존하면서 인간을 돕는 상황으로 이어지는 상황은 먼 미래의 일이 아니라 지금 현실에서 이미 도래한 상황이다. 인공 지능을 사용하기에 부담을 느끼는 노인 세대도 오히려 인공 지능을 통하여 TV 및 가전 제품들을 조종하기 시작했다.

시기	특징	내 용	대 표	시 기
1 물결	등장	인간을 돕는 인공 지능의 등장	앨런 튜링	제2차 세계 대전
2 물결	능가	특정 분야에서 인간을 능가하는 인공 지능	알파고	2016.3.9 –15
3 물결	압도	인간의 제반 영역을 능가하는 인공 지능	챗GPT	2023.11.30
4 물결	공존	인공 지능을 일상에서 활용하는 시기	–	–

2 챗GPT의 이해

1) 챗GPT의 탄생과 거대한 성장

2007년 1월 8일, 애플(Apple)의 스티브 잡스가 아이폰을 최초로 소개하면서, 세계의 문명은 아날로그 시대에서 디지털 시대로 변화의 문이 열렸다. 그리고 2022년 11월 30일 IT 역사를 넘어 인류의 역사에 큰 획을 긋는 혁신적인 존재가 등장했는데 바로, 챗GPT의 탄생이다.

챗GPT는 5일 만에 100만 유저를 달성했다. 이는 다른 플랫폼의 경우와 빗대어 살펴보면 비교가 안 되는 엄청난 성과였다. 하나의 플랫폼이 100만 명의 사용자를 달성하는 경우를 보면, OTT의 대표 주자인 넷플릭스(Netflix)가 3.5년이 걸렸으며 숙박 공유 플랫폼 에어비앤비(Airbnb)는 2.5년이 소요되었고, 50억 명의 사용자

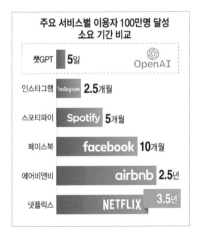

를 구축한 페이스북(Facebook)은 SNS에서 획기적인 돌풍을 일으키면서도 10개월이 걸렸다. 세계적인 음원 스트리밍 플랫폼 스포티파이(Spotify)는 5개월, SNS의 강자 인스타그램(Instargram)은 2.5개월이 소요된 것과 비교해 볼 때 챗GPT는 가히 폭발적인 반응이라고 할 수 있다.[14]

챗GPT는 서비스 개시 한 달이 지난 2023년 1월에 월간 활성화 사용자 수 1억 명을 넘겼다. 월간 활성화 사용자가 1억 명을 달성하기까지는 숏폼 콘텐츠 플랫폼 틱톡(TikTok)이 9개월, 인스타그램은 2년 반이었다.[15] 이러한 눈부신 성장으로 챗GPT의 기업 가치는 2023년 1월 290억 달러로 매겨졌다가, 2023년 10월에는 860억 달러로 성장했다.

2) 챗GPT의 역사

챗GPT를 만든 오픈AI(OpenAI)는 2015년 12월 11일 샘 알트만과 일론 머스크를 포함한 7명의 창업자가 만든 AI 회사다. 회사 이름에 'OPEN'을 명시한 것처럼 정보를 오픈 소스화하여, 이윤을 추구하지 않고 기술을 공개하자는 것이 궁극적인 목적이었다.[16] 그들은 "모든 인류에게 인공 지능이 유익함을 제공하도록 한다는 목적으로 시

---

14 김지선, "'챗GPT' 열풍, AI 시장 뒤흔든다", 전자신문, www.etnews.com/20230130000092, 23.01.30. 참고

15 김수민 외, 『챗GPT 거대한 전환』(알에이치코리아, 2023), 23-24.

16 최재용 외, 『이것이 챗GPT다』(미디어북, 2023), 70.

작한 회사다. 2018년에 챗GPT 1버전으로 시작해 2022년 11월 30일에 챗GPT 3.5버전을 출시하면서 엄청난 변화를 가져왔다.[17] 하지만 2018년에 회사의 방침이 이윤 추구로 돌아서자 일론 머스크는 이에 반대하며 회사를 떠났다. 그리고 마이크로소프트가 10억 달러를 투자하며 기술의 독점권을 사용하면서 본격 이윤 추구의 길을 나섰다.[18] 오픈 AI로 인하여 전 세계에서 인공 지능의 개발에 불을 붙이면서, 다양한 나라에서 인공 지능의 연구 개발과 출시 경쟁이 일어났다.

3) 챗GPT로 가능한 일

챗GPT가 이렇게 폭발적인 성장을 하게 된 이유는, 챗GPT가 다음의 표와 같이 모든 분야에서 만능에 가까운 역할을 충실히 해내기 때문이다. 챗GPT 이전의 인공 지능은 단순한 기능 위주였다. 날씨, 일정 정리, 예약, 기기 조종 같은 단순 업무에만 인공 지능이 활용되었다. 하지만 챗GPT는 거의 모든 영역을 아우른다.[19] 기업에서는 이러한 시대의 변화에 주도적으로 대응하고 있다. 챗GPT로 대표되는 인공 지능을 적극적으로 활용하여 효율적인 경영을 목표로 관심을 두고 있다. 시대의 흐름에 발맞춰 제대로 적응하여 살아남기 위해 사활을 건 총력전을 펼치고 있다.

17　김수민 외, 『챗GPT 거대한 전환』(알에이치코리아, 2023), 60.

18　최재용 외, 『이것이 챗GPT다』(미디어북, 2023), 71.

19　이종범, 『챗GPT로 책쓰기』(e비즈북스, 2023), 18.

분야	챗GPT 활용 내용
기업	소설, 대본, 에세이, 신문 기사
	결산, 통계, 예측(복잡한 수식의 계산 및 통계)
	마케팅 관리(포스터, 이미지 생성)
	행사 준비
금융	외환 딜러
	주식, 고객 관리
	대출
	예측 분석
제조업	설계 최적화
	품질 관리
	공급망 관리
의료	신약, 백신 개발(연구, 개발, 임상 기간 단축)
	의료 영상
	예측 모델링(개인 맞춤형 예방 의학)
언론	방송 콘텐츠 제작
	신문, 뉴스 작성
	개인 방송 확산
교육	그림 상담, 심층 상담
	개인화 학습
	교육 콘텐츠
	언어 학습
	번역

나는 챗GPT를 이렇게 사용한다

예술	예술 콘텐츠 제작
	디자인
	저작 활동
대중문화	시나리오 작성
	OTT 플랫폼 강화
	소셜미디어용 콘텐츠 작성
산업 전반	무인 점포 확산

2022년 8월, 미국 콜로라도에서 열린 주립 박람회 미술대회에서 디지털 부문 1위를 차지한 제이슨 엘런의 작품 〈스페이스 오페라 극장〉이 생성형 AI를 활용했다는 사실이 알려져 예술계에 큰 파장이 일었다. AI가 본격적으로 예술을 시작한다는 상징적인 사건이 되었다.[20] 이처럼 AI가 예술 영역까지 큰 영향을 끼치고 있는 것은 해외만이 아닌, 국내에서도 일어나고 있다.

"이젠 인공 지능이 대신 말해 주는 내 마음을 이해해 주는 걸까, 너의 사랑이 따스하지 않다는 걸. 기계적인 대답만 돌아오네. 디지털 러브, 디지털 러브."

이는 2023년 6월에 공개된 가수 10cm(권정열)가 유튜버 조코딩과 작업한 노래 'Digital Love'의 가사 일부이다. 이 노래는 인공 지능과 인간의 이루어질 수 없는 사랑 이야기를 담고 있는데, 작사, 작곡

---

20 최재용 외, 『이것이 챗GPT다』(미디어북, 2023), 105.

모두 챗GPT가 했다. 챗GPT를 '국내 최고의 작곡가'로 캐릭터를 부여하고 곡의 주제를 추천해 달라고 요청하니, 챗GPT는 '사랑 이야기'를 추천했다. 챗GPT에게 주제에 어울리는 음계 코드도 만들어 달라고 요청하니, 제안해 주었다. 챗GPT가 제안한 음계 코드를 연결해 밴드와 즉석 연주를 하여 완성한 노래가 'Digital Love'다. 이러한 상황들은 챗GPT가 단지 호기심의 차원을 넘어 산업과 예술 그리고 우리의 일상을 변화시키고 있다는 것을 보여 주는 확실한 증거이다.

'챗GPT'라는 이름은 챗GPT의 성능을 보여 주는 단어로 구성되어, 그 정체성을 잘 드러낸다. 챗GPT는 다음 단어들의 조합으로 만들어진 이름이다.

Chat

Chat는 Chatting(대화)을 의미하는데, 이는 챗GPT가 사람의 언어로 대화한다는 개념을 의미한다. 이전에는 사람이 컴퓨터에게 명령하려면, 컴퓨터가 이해하는 기계어를 입력해야 했다. 기계어를 알지 못하면 컴퓨터와 소통을 할 수 없었다. 사람이 컴퓨터와 소통하려면 컴퓨터의 언어인 기계어를 반드시 익혀야 했기에, 특별한 교육과 훈련을 받은 특정한 사람들만이 다룰 수 있었다. 하지만 챗GPT는 별도의 기계어를 사용하지 않아도 소통이 가능하다. 더욱이 음성 인식 기능까지 가능하니 챗GPT는 단지 기계가 아닌 사람과의 동반자라는 개념으로 점차 인식되고 있다.

G

G는 Generative(생성의)라는 의미다. 인터넷 검색은 수많은 자료와 데이터를 찾아서 이를 보여 주는 것에 불과하다. 검색은 인터넷상에 존재하는 다양한 정보를 찾아내고, 사용자에게 있는 그대로를 제공받는 것이다. 즉, 사용자가 검색 기능을 활용해 추천된 자료들을 일일이 확인하며, 자기가 원하는 결과를 만들어야 한다. 하지만 챗GPT는 '생성형' 인공 지능으로, 사용자가 원하는 것을 정확하게 파악하고 사용자의 필요에 맞게 정보를 가공하여 전달한다. 이러한 기능을 통해 인간은 정보 습득의 과정에서 획기적인 변화를 맞이했다.

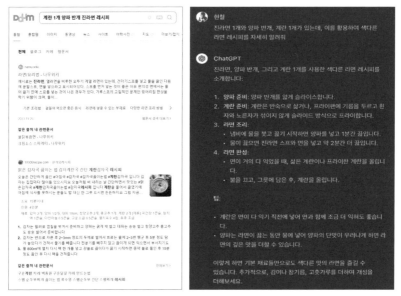

[그림1] 인터넷 검색 기능을 활용한 라면 조리법 검색   [그림2] 챗GPT를 활용한 라면 조리법 검색

만약 라면 1개, 양파 반 개, 계란 1개를 가지고 라면 조리법을 검

색 엔진 홈페이지에 검색을 하면, [그림1]과 같은 결과물이 나타난다. 검색 결과로 나온 자료들을 손수 검색해서, 읽고, 이해하고, 결정해야 한다. 마음에 부합하는 결과물을 찾기까지 상당한 시간과 노력이 소요되고, 때로는 자신이 원하는 답을 못 찾는 경우도 있다. 하지만 챗GPT를 활용하면 이 노력은 조금 더 간소화가 가능하다. 사용자의 조건을 활용하여 사용할 수 있는 레시피의 순서까지 알려 주기에, 이를 바탕으로 조리를 시작할 수 있다. 게다가 [그림2]를 보면 챗GPT가 팁까지 제공해 준다. 만일 챗GPT에게 다른 조리법을 알려 달라고 하면, 사용자가 요청하는 수만큼의 정보를 즉각 제공한다. 이처럼 챗GPT는 사용자 자신에게 '맞춤형'으로 당장 필요한 정보를 순식간에 생성하여 제시하여 준다.

P

P는 Pre-trained(사전 훈련)를 의미한다. 챗GPT는 사전에 수많은 문서를 학습하고, 방대하게 축적된 지식을 기반으로 하여 사용자의 질문에 대답한다. 챗GPT는 이미 3,000억 개의 단어와 5조 개의 문서를 학습했다.[21] 이번 챗GPT 4.0 베타 버전은 2023년 4월까지의 지식을 습득하였다. 게다가 최신 자료도 검색하는 능력까지 탑재하여 더욱 강력한 능력을 제공하기에 이르렀다. 꾸준히 쌓이는 데이터 정보를 지속적으로 업그레이드한다면, 더욱 가공할만한 능력을 나타내게 될 것이다.

---

21 박태웅, 『박태웅의 AI 강의』(한빛비즈, 2023), 33.

T

T는 Transformer를 의미한다. Transformer는 딥러닝 모델 중의 하나로, 인공 신경망을 기반으로 하는 언어 모델이며 최근의 생성형 인공 지능의 대다수가 사용하는 효과적인 모델이다. 이는 구글에서 2017년에 발표한 딥러닝 알고리즘으로 인간의 언어를 이해하는 데 우수한 성능을 보이는 신경망 언어 모델이다.[22] Transformer는 주어진 문장을 보고, 다음의 단어가 무엇이 올 것인가를 예측한다. 챗 GPT는 단기 기억을 가지고, 앞의 문장들을 계속 기억하며 추론하는데, 무려 1,750억 개의 매개 변수를 가진다.[23]

Chat	사람과 채팅하면서 의사소통을 하듯이
G	지금 현재의 상황에 적합한 정보를 생성하여 주고
P	수많은 정보를 미리 학습하여
T	딥러닝으로 훈련된 인공 지능을 의미한다

"사람과 대화하듯이 사람이 원하는 정보를, 기존의 수많은 정보들 가운데서 선택하여 사람들이 이해할 수 있는 자료로 만들어 제공해 주는 인공 지능"

스마트폰의 등장은 좀 더 편리한 휴대폰이 아니라, 문명의 생태계

---

22 한민철, 『챗GPT 교사 마스터 플랜』(책바세, 2023), 34.
23 박태웅, 『박태웅의 AI 강의』(한빛비즈, 2023), 33-36.

를 완전히 바꾸었다. 스마트폰 이전과 이후의 세계는 또 다른 시대를 맞이했다. 챗GPT는 단지 좀 더 편리한 검색 기능을 가진 정도를 이미 넘어섰다. 챗GPT는 마치 손안의 만능 비서로 다양한 일에 큰 도움을 주는 탁월한 전략가이자 도우미로 사용될 수 있게 되었다.

4 챗GPT의 오해

새로운 개념이나 물품에 대해 사람들은 저마다의 생각으로 오해하기 마련이다. 챗GPT가 소개되고 도입되면서, 챗GPT에 대해서 다음과 같이 오해하기도 한다.

1) 어렵다

인공 지능은 대다수의 사람에게 먼 미래의 일이며, 어렵고 무섭다는 이미지를 지니고 있다. 이는 공상 과학 영화에서 보여 주는 인공 지능의 무시무시한 이미지 때문이다. 대체로 영화 속에서 고도로 발달한 인공 지능이 인간을 위협하는 경우를 보았기 때문인데, 영화 〈터미네이터〉의 스카이넷, 〈아이, 로봇〉의 비키, 〈이글 아이〉의 아리아와 같이 인공 지능이 인간을 해칠 것 같다는 위협감에 부정적인 이미지가 사람 마음 기저에 깔려 있다. 하지만 인공 지능은 무서운 것도 아니며, 어렵지도 않다.

2) IT 계열 종사자들만 사용한다

챗GPT는 IT 계열을 전공하고 종사하고 있는 사람들만이 사용하는 것이라는 선입견이 있다. 인공 지능이 아직 일반인들에게는 생소한 개념이기에 전문적으로 업계에 종사하는 프로그래머들의 전유물로 생각하는 경우가 있다. 그러나 챗GPT는 IT 계열의 사람들을 위해 개발된 것이 아니다. 모든 사람이 사용할 수 있도록 만들어 놓은 인공 지능 서비스다. 스마트폰으로 앱을 활용할 수만 있다면 누구나 수월하게 활용할 수 있다. 그리고 여기에 챗GPT의 다양한 옵션을 이해하고 이를 응용할 줄만 안다면 자신이 원하는 정보를 맞춤형으로 제공받을 수 있다. 챗GPT는 효과적으로 정보를 얻으려는 모든 사람에게 탁월한 기능을 제공한다.

3) 기계적인 대답만 한다

"헤이, 빅스비. 오늘 날씨는 어떻게 될까?"
"시리야, 오늘 개봉하는 영화들은 어떤 것이 있을까?"
"아리야, 오늘 뉴스는 어떤 것이 있어?"
"지니야, 영화 채널을 틀어 줘."
인공 지능이 탑재된 스마트폰과 인공 지능 디바이스는 사용자가 요청하는 요구에 작동한다.

"시리야, 1월 20일 밤 8시 ○○교회 집회 일정을 일정표에 올려 줘."

나는 운전을 하면서 목소리로 스마트폰에 일정을 기록한다. 운전을 하면서도 인공 지능에게 일정을 추가하라고 말만 해도 작성이 가능한 시대다. 하지만 이러한 인공 지능 프로그램은 지시가 가능한 극히 단순한 작업만 수행 가능하다. 사전에 프로그래밍된 행동만 가능하다. 하지만 챗GPT는 이전의 다른 인공 지능이 작동하였던 수준과는 다른 차원의 인공 지능이다. 프로그래밍 된 결과값이 아닌 질문을 이해하고 요청 사항에 대한 구체적인 답변을 제공한다. 여기에 이미 도출된 결과에 사용자가 심층 질문을 더하면 그에 대한 답변도 즉각 제시한다. 마치 그 분야의 숙련된 전문가와 개인 상담을 하듯이 심도 깊은 내용을 나누는 것도 가능하다. 분야가 제한된 것도 아니다. 그 어떤 분야에서도 가능하다. 모든 분야에 뛰어난 전문가는 없다. 그러나 챗GPT는 모든 분야에 있어 전문가가 될 수 있다. 방대하게 학습된 정보를 가지고 있기에 사용자가 질문을 제대로 제시하면 전문 지식을 얻을 수 있다. 챗GPT를 잘 활용하기만 한다면, 다양한 지식을 균형 있게 얻을 수 있다.

4) 구독 요금제

챗GPT 3.5버전은 무료로 사용 가능하다. 챗GPT 4.0버전을 사용할 경우는 매달 22달러의 사용료를 지불해야 한다. 이 비용을 진입 장벽으로 느끼는 사람들도 있다. 그래서 가끔씩 사용하는 이용자의 경우는 3.5버전을 사용하는 것으로 만족하기도 한다. 하지만 3.5버전과 4.0버전 사이의 기능 차이는 크게 난다. 챗GPT 4.0버전의 기능을 제대로 활용하기만 하면, 다양한 영역에서 전문가의 조력을 받는 것과 같은 효과를 얻을 수 있다. 실제 생활에서 전문가의 도움을 얻기 위해서는 사례 비용이 필요하다. 이런 면에서 보면 매달 챗GPT를 사용하는 구독료는 오히려 저렴한 편으로 느껴지기도 한다. 예를 들어 다니엘 이야기 설교에 필요한 시청각 자료를 구한다고 생각해 보자. 자료는 많겠지만 내 마음에 쏙 드는 자료를 찾는 것은 쉽지 않다. 내가 머릿속으로 구상한 설교의 흐름에 맞는 그림과 이미지를 구하기란 거의 불가능에 가깝다. 하지만 챗GPT를 활용한다면 이야기가 달라진다. 내가 원하는 이미지를 보다 쉽게 얻을 수 있다.

또 다른 예로, 초등학생을 대상으로 한 설교에서 과거 내 제자가 하나님의 은혜로 자라난 성장 이야기를 예화로 간증으로 전하고자 했는데, 이와 관련해 가진 사진이 두 장밖에 없어 어떻게 활용해야 할지 고민이 많았다. 말로 설명하자니 오래 집중하기를 어려워하는 초등학생들이 쉽게 흥미를 잃을 것 같아 나는 챗GPT를 활용하여 내 머

릿속의 기억을 이미지로 만들었
다. 그리고 원하는 이미지가 나
올 수 있도록 챗GPT에게 요청했
고, 만들어진 이미지들을 활용하
여 설교 자료로 만들었다. 정말
다행이게도 나는 이를 통해 현장
과 온라인으로 참여한 초등학생의 집중을 유지시키며 설교를 할 수
있었다.

이처럼 챗GPT를 잘 활용한다면, 이 밖의 여러 가지 상황에서도
내가 원하는 양질의 설교 자료를 만들 수 있다.

만약에 이러한 작업을 전문 디자이너에게 요청한다면, 많은 시간
과 수고 비용이 들어간다. 하지만 챗GPT는 이처럼 엄청난 분량을 작
업시키고, 월 22달러를 지불하는 것이 미안할 정도로 마음껏 사용하
였다. 22달러는 이러한 작업을 의뢰한 사람에게 간단한 식사도 제대
로 대접하지 못하는 정도의 가격이다. 최근 OTT를 구독하는 비용이
점차 늘어나고 있다. 점차 방송국의 힘이 줄어들고 있다. 처음에 사람
들은 이러한 추세를 수용하기 어려워했다. 하지만 점차 구독료를 지불
하고 사용하는 것이 자연스럽게 받아들여지고 있다. 챗GPT를 위한
경비를 부담해야지만, 챗GPT를 구독료의 가격을 능가하는 활용을
하면 만족스러운 결과를 얻을 수 있다.

5) 은혜는 아날로그 방식으로만 가능하다?

　소크라테스는 문자가 발명되고 난 이후에 구전으로 전해지던 지식을 기록할 수 있게 되자 문자의 탄생이 인간의 지성에 방해가 될 것이라고 걱정했다. 그는 "문자의 발명이 배우는 자의 영혼을 망각하게 할 것"이라고 우려했다.[24] 하지만 결과는 그의 우려와 달랐다. 문자로 기록한 축적물로 인하여 인간의 지식은 더욱 발전하게 되었다. 사람들은 자기에게 익숙한 것에서 좀처럼 벗어나려고 하지 않는다. 컴퓨터가 이제 막 도입이 되던 아주 오래 전에는 목회자들 사이에서 설교 준비는 반드시 노트에 펜으로 기록해야만 한다고 고집하는 경우가 많았다. 오랫동안 손에 익은 성경책을 통해서 말씀을 읽고, 기도하며 받은 은혜를 직접 종이에 기록하면서 설교를 준비를 하는 것이 정석으로 통용되었다. 하지만 컴퓨터 문화가 활성화되고, 문서 작업이 편리해지면서, 점차 컴퓨터를 활용해 설교문을 작성하기 시작했다. 수많은 책을 하나하나 찾아가며 했던 작업들도 디지털 정보를 활용하여 검색하고, 찾고, 적고, 보관하는 것이 가능해졌다.

　지금 이 원고도 손으로 쓰는 것이 아니라 디지털 방식을 활용하여 작성하고 있다. 이전에 책을 집필하면, 원고지와 노트에 직접 쓰면서 작성했는데, 삭제할 부분과 추가할 사항을 수정할 때에 곤욕스러웠던 적이 한두 번이 아니다. 그러나 지금은 워드와 한글과 같은 문서

24　김유열, 『딜리트』(쌤앤파커스, 2018), 43.

작성 프로그램을 활용해 집필을 하고, PDF를 활용하여 다시 퇴고를 하여 태블릿으로 수기 수정을 보고, 이를 통해 다시 원고를 수정한다. 디지털을 잘 활용하면 다양한 유익함을 얻을 수 있다.

이 책에서 제시하는 대로 챗 GPT의 다양한 기능을 활용만 할 수 있다면, 담당하고 있는 사역과 업무에서 커다란 도움을 얻을 수 있다. 특히 인적 자원과 환경의 어려움을 겪는 선교지와 교회에서 챗GPT는 아주 강력한 지원군으로 사역에 큰 힘을 얻을 수 있다.

챗GPT를 처음 사용하시는 분들 중 가끔 자기의 이름을 검색해 보는 사람이 있다. 챗GPT가 과연 나를 알고 있는지가 궁금한 것이다. 그러면서 은근히 챗GPT의 능력을 시험해 보려고도 한다. 하지만 챗 GPT는 그러한 대답을 위한 용도가 아니다. 챗GPT는 5조 개가 넘는 문서와 업데이트 되는 각종 자료를 학습하여 사용자가 제시한 문제에 대한 답안을 제시하는 인공 지능이다. 그런데 자신이 잘못 사용하고는 챗GPT가 부실한 것 같다거나 신뢰가 가지 않는다는 등의 반응을 보이기도 한다. 이는 챗GPT가 어떤 것인지 오해한 결과일 뿐이다. 스마트폰 없이도 사역할 수도 있지만, 스마트폰의 다양한 앱을 활용하면 큰 도움을 받을 수 있는 것처럼 챗GPT를 충분히 잘 이해하고 활용하면, 사용자가 진행하는 거의 대부분의 분야에서 양질의 데이터들

을 공급받으며, 구체적인 도움을 얻을 수 있는 참 든든한 파트너가 된다. 이 책은 챗GPT의 모든 것을 다루지 않는다. 챗GPT의 특징을 이해하고, 이를 활용하여 사용할 수 있는 가장 기본적인 것들을 다룬다. 챗GPT의 이론과 전문적인 지식을 다루고 싶다면, 시중에 출간된 다양한 책과 강의를 통해 응용력을 더욱 기르기를 추천한다. 우리의 목표는 일상 사역에서 적용 가능한 사용법을 배우는 것이다.

5 챗GPT 접속하기

나는 챗GPT를 스마트폰에
앱으로 설치하였고, 태블릿 PC
와 노트북, 데스크탑 등 모든 곳
에 설치했다. 챗GPT는 사용자

자신의 계정으로 로그인하면, 로그인 된 기기들끼리 서로 연동이 되
어 연계하여 활용이 가능하다. 스마트폰과 태블릿 PC은 앱스토어에
서 '챗GPT'를 검색하여 다운로드할 수 있다. 하지만 챗GPT를 비슷하
게 따라한 다른 종류의 앱도 있어 꼭 'OpenAI'에서 만든 것이 맞는
지 확인해야 한다.

노트북과 PC에서 사용하기 위해서는 OpenAI 회사의 홈페이지
로 들어가서, 챗GPT에 접속하여 계정 로그인을 하면 사용이 가능
하다. 앞서 말하였듯, 챗GPT는 현재 무료로 사용할 수 있는 3.5버전
과 유료로 사용하는 4.0버전으로 활용할 수 있다. 2023년 11월에 챗
GPT는 Turbo로 업그레이드되면서 2023년 4월까지의 정보까지 학
습하여 최신화되었다. 이전 버전의 경우가 2021년 9월까지의 데이터

였으니, 이 기간에 이루어진 수많은 정보가 현재 학습이 되어 사용이 가능하다. 따라서 현실과 동떨어진 정보가 아님을 알 수 있다. 곧 출시될 것으로 예측되는 4.5버전이 출시가 된다면 기능성과 정보의 정확도 면에서 챗GPT는 더욱 완성형에 가까운 능력을 보여 줄 것으로 예상된다.

그럼 이제 챗GPT 계정 가입부터 사용법까지 차근차근 친절히 그 방법을 알려 드리겠다. 스마트폰, 컴퓨터 다 몰라도 괜찮다. 이 책만 따라오면 된다.

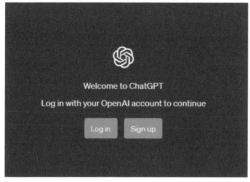
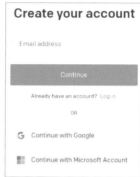

① 챗GPT 가입 신청　　　　　　② 챗GPT 계정 로그인

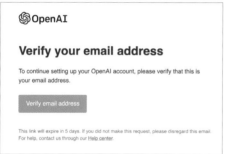
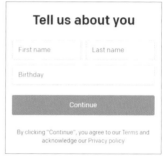

③ 이메일 인증　　　　　　④ 개인정보 입력

① **챗GPT 가입 신청:** 챗GPT 사이트에 들어가서 Sign up을 클릭
하면 가입 과정이 시작된다.

② **챗GPT 계정 로그인:** 챗GPT에 가입할 이메일 계정을 작성한다
(구글 계정이 있다면 그 계정으로 연동하여 가입 가능).

③ **이메일 인증:** 작성한 이메일로 'OpenAI'에서 인증 이메일을 보
냈을 것이다. 작성한 이메일에 로그인하여 OpenAI에서 발송
한 'Verify your email'을 인증한다.

④ **개인정보 입력:** 이메일 인증을 완료하면, 챗GPT 가입창이 이

름과 생년월일을 입력하라는 화면으로 전환된다. 'First name'
칸에 이름, 'Last name' 칸에 성을 작성하면 된다. 영어로 적혀
있다고 걱정할 필요 없다. 한글로 작성해도 된다. 입력을 다했
다면 'Continue'를 클릭한다.

| ⑤ 전화번호 입력 | ⑥ code 입력 |

⑤ **전화번호 입력:** 전화번호를 입력하는 칸이다. 본인의 전화번호
를 입력한다.

⑥ **code 입력:** 전화번호를 입력하고 'Send Code'를 클릭하면
6자리의 번호가 메시지로 발송된다. 번호를 빈칸에 입력하면
끝이다. 이제 챗GPT를 사용하면 된다.

6 챗GPT 작동하기

1) 프롬프트의 정의

챗GPT의 초기
화면이 열리면, 제일
하단에 있는 막대 모
양의 창이 보이는데,
이것이 챗GPT에게
질문을 할 수 있는

입력창이다. 제일 오른쪽 종이비행기 버튼을 누르면 작성한 내용을
챗GPT에게 발송할 수 있다. 프롬프트(Prompt)는 원래 컴퓨터가 명령
대기 상태에서 사용자의 입력을 받을 준비가 되었음을 사용자에게 보
이고자 화면에 깜빡이는 신호를 가리키는 말이다. 인공 지능 분야에
서는 AI에게 쓸 수 있는 지시나 질문, 언어를 뜻하는 단어로 사용된
다. 즉, 인공 지능과 대화를 하기 위하여, 사용자가 입력하는 문장을
프롬프트라고 한다. 프롬프트는 인간과 인공 지능이 소통할 수 있도

록 둘 사이에 다리를 놓는 역할이다. 프롬프트에 사용자의 문장을 입력하면, 생성형 AI 챗GPT와 대화가 시작된다.[25]

그러므로, 챗GPT로부터 좋은 답을 얻기 위해서는 프롬프트를 잘 활용해야 한다. 챗GPT는 사용자의 지시하는 범위 안에서만 작업한다. 좋은 결과물을 얻기 위하여 효과적인 프롬프트를 개발하고 작성하는 작업을 '프롬프트 엔지니어링'이라고 한다.[26] 좋은 질문이 좋은 답을 만든다. 구슬도 꿰어야 보배이듯이, 내가 원하는 결과를 생성하기 위해서는 적절한 명령을 내려야 함을 기억하며 다음으로 넘어가자.

2) 프롬프트 작성 과정

챗GPT로부터 좋은 자료를 얻기 위해서는, 다음의 프롬프트 작성 과정을 인지하고 제대로 된 지시어를 프롬프트에 작성하는 작업이 반드시 필요하다.

순위	단계	내용
1	캐릭터 부여	챗GPT가 어떤 역할이며, 어떤 기능을 할 것을 전제한다.
2	청중 설정	어떤 이들을 위한 정보인지를 설정한다.
3	질문 선정	사용자가 원하는 결과물이 무엇인지를 입력한다.
4	출력 패턴 설정	챗GPT가 어떤 방식으로 설명할 것인지를 설정한다.

---

25 송은정, 『예고된 변화 챗GPT 학교』(테크빌교육, 2023), 107.

26 송은정, 『예고된 변화 챗GPT 학교』(테크빌교육, 2023), 108.

이러한 단계들을 활용하여 ① 챗GPT의 캐릭터를 부여하고, ② 사용자가 어떤 이들에게 원하는 내용을 설정한 후 ③ 사용자가 필요로 하는 결과물을 입력하여, ④ 챗GPT가 사용자에게 제공할 방식을 요청하면, 챗GPT가 인식하여 사용자가 원하는 결과물을 제시한다. 다음의 표는 프롬프트의 특성을 잘 보여 준다.

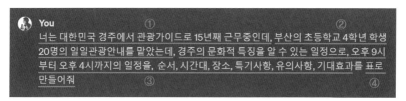

프롬프트의 예시

사용자가 챗GPT에게 이러한 프롬프트로 요청하면, 챗GPT는 요청대로 결과물을 빠르게 만들어 준다. 이 결과물은 주문한 프롬프트의 분량과 난이도에 따라 결과의 내용이 달라진다는 것을 기억하자.

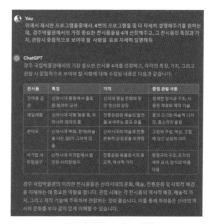

경주 관광 일정 계획   경주 관광 일정 세부 계획

제시된 프롬프트는 챗GPT에게 '대한민국 경주에서 15년째 근무한 관광 가이드'라는 캐릭터를 부여하여 '부산의 초등학생 20명'을 답변의 대상을 선정하여 만든 경주 관광 일정 계획이다. 챗GPT를 통해 알기 원하는 것은, '오전 9시에서, 오후 4시까지의 하루 관광 일정'이었다. 이 일정을 위한 '구체적인 시간, 장소, 특이 사항, 유의 사항, 기대 사항'을 알려 달라고 요청하자, 챗GPT는 요청한 지시 사항과 정보를 정리하여 결과를 내놓았다. 챗GPT가 제공한 계획이 어떠한가? 동선과 이동 시간, 유명한 관광지를 고려하여 합리적인 계획표를 작성해 주었음이 느껴지지 않는가? 그리고 처음 나온 결과 중 경주 국립 박물관에서의 중요한 전시품에 대해 질문하자 챗GPT는 더욱 구체적인 과정을 알려 준다. 이처럼 챗GPT가 제시한 결과에 대한 추가 정보나 수정이 필요할 경우에는 추가 프롬프트를 통해 원하는 정보를 얻을 수 있다. 혹 원치 않는 정보가 제시되었다면 먼저, 자신이 작성한 프롬프트가 제대로 작성되었는지를 확인해 보아야 한다. 그래도 요청한 정보가 아니라면, 다시 제시해 줄 것을 요청하면 계속해서 새로운 결과가 제공될 것이다.

3) 프롬프트 작성 단계

①단계 : 캐릭터 부여

챗GPT는 사용자가 챗GPT에게 부여하는 캐릭터에 따라서 답변을 제시한다. 즉, 지시하는 배역에 맞춰 해답을 찾는다는 것이다. 챗

GPT는 역할극에 최적화되어 있다고 생각하면 쉽다. 그러니 사용자가 원하는 배역을 챗GPT에게 잘 설정해 주는 것이 중요하다. 이를 챗GPT 페르소나 부여 과정이라고 한다.[27] 영화감독의 의도를 가장 정확하게 표현해 주는 배우를 페르소나라고 한다. 마틴 스콜세이지 감독의 페르소나인 로버트 레드포드, 봉준호 감독의 페르소나 송강호가 대표적인 예다. 챗GPT는 사용자가 정의하는 페르소나를 부여받고 결과를 도출한다. 사용자는 챗GPT가 특정한 역할을 맡은 입장에서 답변이 생성될 수 있도록 프롬프트를 작성해야 한다.[28] 그러므로 사용자가 챗GPT에게서 기대하는 캐릭터를 부여하는 것이 프롬프트 제작의 첫 번째 단계다.

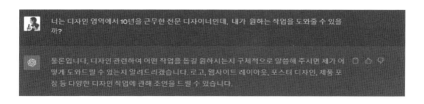

프롬프트를 작성하기 위해서는, 사용자가 필요로 하는 영역에서 상당 기간 동안의 경험을 가진 기능인으로 설정하는 것이 필요하다. 너무 긴 경력을 캐릭터로 부여하면 결과의 느낌이 느슨해질 수 있고, 경력을 짧게 부여하면 어설픈 결과물이 나올 수 있다. 그러한 이유로 나는 챗GPT를 활용할 때, 대체로 10년의 경력을 챗GPT에게 부여한

27 김덕진, 『AI 2024 트렌드&활용백과』(스마트북스, 2023), 196.
28 송은정, 『예고된 변화 챗GPT 학교』(테크빌교육, 2023), 109.

다. 내 경험상 10년으로 부여할 때 어느 정도의 경륜과 열정적인 결과물이 잘 나오는 것 같다.

"너는 대한민국 서울에서, 10년간 문화 트렌드 전문가로 활동하는데, 나를 위하여 어떤 분야의 도움을 줄 수 있을지를 도표 형식으로 만들어 줄래?"

"너는 대한민국 서울에서, 10년간 동물훈련사로 활동하는데, 동물의 심리에 대해 나에게 어떤 분야의 도움을 줄 수 있을까?"

새로운 문화 트렌드를 이해하기 위하여, 나는 챗GPT에게 대한민국의 서울에서 10년 동안, '문화 트렌드 전문가'로 활동하는 캐릭터를 부여하였다. 또 하나의 캐릭터로는 '동물훈련사'를 챗GPT에게 캐릭터를 부여했다. 챗GPT에게 이런 캐릭터를 부여하면, 챗GPT는 10년간 '문화 트렌드 전문가'와 '동물훈련사'의 입장에서 사용자와 대화를 이어 간다.

챗GPT는 마치 10년간 그 분야에서 활동하면서 수집한 데이터를 기반으로 축적한 지식을 활용하듯이 사용자가 지시하는 질문에 전문적인 답변을 한다. 내가 챗GPT에게 '문화 트렌드 전문가'와 '동물훈련사'로 10년간 활동한 것으로 캐릭터를 부여하고 프롬프트 작업으로 대화를 한 결과물은 다음과 같다.

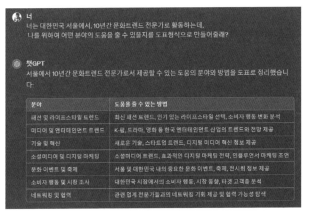

문화 트렌드 전문가의 캐릭터

동물훈련사의 캐릭터

이처럼 캐릭터를 정확하게 부여하면, 나에게는 생소한 영역의 자세한 지식을 즉시 입수할 수 있다. 프롬프트의 캐릭터를 부여할 때에는 다음의 사항을 고려해야 한다.

캐릭터 부여	미션	옵션	목표
트렌드 전문가	트렌드 이해	최신 신조어 이해	신세대들의 언어 이해
동물훈련사	동물 심리 이해	동물의 상황 제시	스트레스 해소법 이해
MBTI 전문가	심리 심층 이해	갈등의 이해와 해소	반대편 심리 이해
광고 기획가	특별 행사 홍보	리플릿 제작	콘티 제작하기
교사	수업 설계 준비	성경 수업 실시	수업의 프로그램 진행
CEO	결정과 판단	반대 의견 설득	중립적 입장의 이해
그림 상담가	아동 심리 이해	색깔별 심리 이해	학생의 심층 심리 이해
개척교회 목사	개척교회 사역 개발	획기적인 사역 요청	새신자 정착 이해

1) 캐릭터 부여: 챗GPT가 수행해 주길 바라는 역할을 제시한다(사용자가 원하는 분야의 구체적인 직업을 설정한다).

2) 미션: 챗GPT가 어떤 영역의 문제를 해결해 줄 수 있는가를 전제한다(사용자가 원하는 내용을 상세하게 준비한다).

3) 옵션: 챗GPT가 작업을 하면서 고려해야 할 요소를 제안한다(작업 시에 고려해야 할 조건을 제시한다).

4) 목표: 챗GPT를 통하여 얻기 원하는 최종 목적을 제시한다(답변을 해야 할 구체적인 작업을 보여 준다).

②단계 : 청중 설정

질문의 대상이 누구인지 챗GPT에게 지정해 주는 과정이다. 나는 대전에서 생활하는 20대 남자들의 취업에 관한 설문지를 작성하기 위한 질문을 던졌고, 챗GPT로부터 그에 대한 답변을 얻었다. 이 질

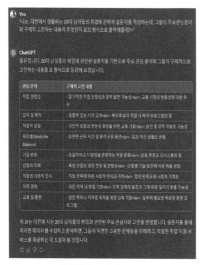

대전 청년들의 의식 조사

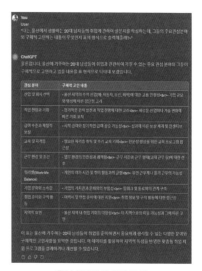

울산 청년들의 의식 조사

나는 챗GPT를 이렇게 사용한다

문에 챗GPT는 대전 지역에서 거주하는 청년들의 일반적인 특징들을 수집하여 사용자에게 답변을 제공한다. 이 질문에서 '대전'을 '울산'으로 바꾸어 질문하면, 챗GPT는 대전 청년들에 관한 답변과는 다른 결과물을 제시한다.

울산에서 사역하면서 거주하였던 나는 챗GPT가 울산 지역의 정서를 진짜로 반영하여 답변한 것을 실감할 수 있었다. 이처럼 사용자가 프롬프트를 작성할 때, 자신이 알고자 하는 대상을 선명하게 제시해 주어야 함을 알 수 있다.

〈프롬프트 예제〉

"나는 부산에서 거주하는 60대 여성의 건강에 관하여 논문을 준비하는데…"

"나는 광주에서 활동하는 30대 여성의 결혼에 관하여 강의해야 하는데…"

"나는 춘천에서 고등학교에 다니는 여자 청소년의 이성 교제에 관하여…"

"나는 전주에서 직장을 다니는 40대 남성의 이직에 관한 책을 준비하는데…"

"나는 제주에서 초등학교에 다니는 학생들을 대상으로 설교해야 하는데…"

③단계: 질문 선정

사용자가 챗GPT로부터 효과적인 결과물을 얻기 위해서는 좋은 질문을 해야 한다. 챗GPT에게 더욱 효과적인 질문을 하기 위해서는 다음의 요소들을 참고하는 것이 좋다.

ⓐ 정확한 문장으로 프롬프트를 작성하라

프롬프트가 오타나 비문으로 작성이 되어 있으면 사용자가 기대하는 것과 다른 결과가 나온다. 올바른 문장을 사용해야 챗GPT가 데이터를 효과적으로 분석해 더 나은 결과를 만들 수 있다.[29] 주어와 서술어, 목적어가 정확하게 들어 있는 문장으로 프롬프트를 작성할 수 있도록 반드시 문장을 재검토하는 것을 습관으로 들여야 한다.

ⓑ 세밀한 부분까지 지시하라

챗GPT는 탁월한 인공 지능이지만 제시된 문장 안에서만 기능을 한다. 다음의 그림은 이 책에 사용하기 위하여 챗GPT로 추출한 이미지이다. 챗GPT는 원리를 몰라도 사용할 수 있음을 강조하고자 만들어 본 이미지다. 나는 이 이미지를 얻기 위하여 다음과 같은 프롬프트를 작성했다.

"나이가 많은 운전자가 산뜻한 자동차 운전석에서 자동차의 시동 스위치를 손가락으로 터치하는 장면을 밝은 웹툰의 느낌으로 그려 줘."

사용자는 자신이 기대하는 이미지를 머릿속에 먼저 상세하게 상

---

29 최동녘, 『챗GPT 101』(유노북스, 2023), 82.

상하고, 그 상상된 형상을 챗GPT에게 자세하게 설명해야 한다. 사용자가 원하는 장면의 전체적 배경과 그림의 전체적인 윤곽, 그리고 그림 안에서의 모든 동작에 대하여 가능한 최대한의 설명을 하는 것이 필요하다. 마치 소크라테스의 산파술과 같은 대화 기법으로 지속적으로 자세한 사항을 질문으로 이어 갈 때 효과적인 답을 얻을 수 있다.

ⓒ 질문에 알고자 하는 키워드를 포함하라

챗GPT에게 질문할 때 자신이 알고 싶은 내용을 자세하게 서술하려면, 자신이 알고자 하는 내용의 키워드를 제시하는 것이 효과적이다. 챗GPT는 키워드를 인식하고 이를 바탕으로 미리 학습한 문서에서 키워드와 연관된 내용을 추출하여, 사용자가 알고자 하는 내용을 생성하여 준다.

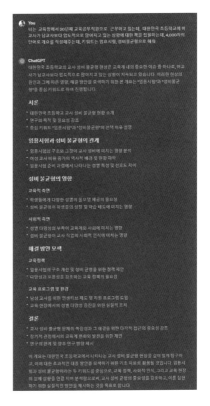

예시로 나는 현재 대한민국 초등학교의 교사 중에 여성 교사의 수가 남성 교사에 비해 압도적으로 많은 상황에 대하여 챗GPT에게 임용 시험, 성비 불균형이라는 키워드를 제시하여 질문하였다. 사용자가 키워드를 다르게 하여 질문을 하면, 달라진 키워드에게 근거하여 답변을 출력한다. 챗

GPT는 사용자가 입력하는 입력값에 근거하여 반응한다.

챗GPT에게 '교육청에서 20년째 근무를 하는 교육공무직원으로 캐릭터를 부여하였다. 20년동안 교육청에서 근무하면서, 교육 현장에서 일어나는 변화를 그 누구보다 생생하게 경험하였을 것으로 전제하였다. 그리고 20년간의 활동을 마무리하면서 대한민국 초등학교 교사 남녀 성비 불균형 상황에 대한 책을 집필하고자 하니, 4,000자의 단어로 개요를 작성하도록 요청하였다.

ⓓ 출력물의 형태를 지정하라

사용자는 챗GPT에게서 얻은 자료를 어디에 활용할 것인가를 생각하고, 그에 맞는 질문을 요청해야 한다. '저출산'에 관한 문제에 대하여 신문 기사와 소논문은 그 출력 방식이 다르다. 나는 챗GPT에게 '현대 한국사회에 대하여 10년째 강의를 하는 강사'로 캐릭터를 부여하였다. 그리고 '한국의 저출산화에 대하여' 신문에 투고해야 하는 형식이라고 전제를 하고 난 이후에, '구체적인 수치'를 인용하여 '4,000자'의 단어로 경제 신문에 게재하는 칼럼 형식으로 작성하라고 출력물을 지정하였다.

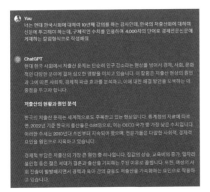

신문 기사 형태로의 답변 ①

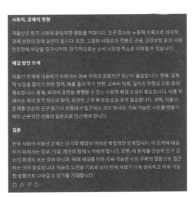

신문 기사 형태로의 답변 ②

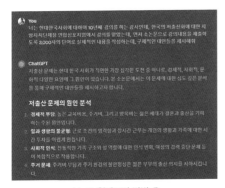

소논문 형태로의 답변 ①

소논문 형태로의 답변 ②

ⓔ 프롬프트를 지속적으로 개선하라

챗GPT가 제공하는 결과물이 처음에는 맘에 들지 않을 수 있다. 챗GPT의 결과물에 수정이 필요한 부분은 다시 바꿀 수 있다. 프롬프트 엔지니어링에서는 이 과정을 '컴백'(Comeback)이라고 하며, 프롬프트를 개선하려면, 상세화, 명료화, 단순화의 과정이 필요하다.[30] 이를

---

30 송은정, 『예고된 변화 챗GPT 학교』, 테크빌교육, 2023, 122.

활용하여 챗GPT가 답변한 내용을 좀 더 선명하게 이해할 수 있다. 그 외에 출력 옵션을 에세이, 리포트, 칼럼 형식 등으로 요청하면, 요청대로 출력이 된다.

〈단순화〉

"이 답변을 한 문장으로 요약해 줘"

"더욱 간결하게 설명해 줘"

"더욱 쉽게 이해하도록 풀어 줘"

"좀 더 간단하게 답변해 줘"

"좀 더 쉬운 용어로 설명해 줘"

〈명료화〉

"이 답변을 명료하게 설명해 줘"

"이 프롬프트를 명확한 정보로 출력해 줘"

"이 제안에 더욱 명확한 정보를 첨가해 줘"

"이 설명을 도표로 명확하게 요약해 줘"

"이 내용을 이미지로 명확하게 표현해 줘"

〈상세화〉

"좀 더 명확하게 설명해 줘"

"좀 더 자세하게 알려 줘"

"더욱 선명하게 이야기해 줘"

"더욱 구체적으로 설명해 줘"

"이 답변에 대한 예화를 설명해 줘"

④단계: 출력 패턴 설정

챗GPT가 어떤 방식으로 답변할 것인가를 사용자가 설정하는 것이다. 챗GPT는 사용자가 프롬프트로 요청하는 방식에 따라 결과물을 만들어 낸다. 특히 도표를 통하여 정보를 효과적으로 얻을 수 있다. 출력 형식을 도표로 요청하면, 일목요연하게 정리하여 결과를 보여 준다. 예를 들어, 어느 주일에 영화 〈어벤져스〉에 나오는 '인피니티 스톤'을 활용하여 청소년들과 청년들에게 설교를 한 적이 있다. '인피니티 스톤'은 총 6개인데, 각각의 이름과 능력이 달라 혼동되기 쉬운 개념이어서 나는 챗GPT를 활용에 개념과 활용 등을 표로 만들어

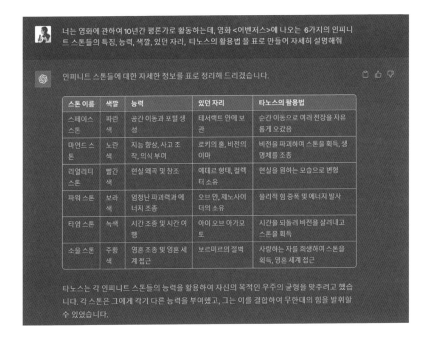

너는 영화에 관하여 10년간 평론가로 활동하는데, 영화 <어벤져스>에 나오는 6가지의 인피니트 스톤들의 특징, 능력, 색깔, 있던 자리, 타노스의 활용법 을 표로 만들어 자세히 설명해 줘

인피니트 스톤들에 대한 자세한 정보를 표로 정리해 드리겠습니다.

스톤 이름	색깔	능력	있던 자리	타노스의 활용법
스페이스 스톤	파란색	공간 이동과 포털 생성	테서랙트 안에 보관	순간 이동으로 여러 전장을 자유롭게 오갔음
마인드 스톤	노란색	지능 향상, 사고 조작, 의식 부여	로키의 홀, 비전의 이마	비전을 파괴하여 스톤을 획득, 생명체를 조종
리얼리티 스톤	빨간색	현실 왜곡 및 창조	에테르 형태, 컬렉터 소유	현실을 원하는 모습으로 변형
파워 스톤	보라색	엄청난 파괴력과 에너지 조종	오브 안, 제노사이더의 소유	물리적 힘 증폭 및 에너지 발사
타임 스톤	녹색	시간 조종 및 시간 여행	아이 오브 아가모토	시간을 되돌려 비전을 살려내고 스톤을 획득
소울 스톤	주황색	영혼 조종 및 영혼 세계 접근	보르미르의 절벽	사랑하는 자를 희생하여 스톤을 획득, 영혼 세계 접근

타노스는 각 인피니티 스톤들의 능력을 활용하여 자신의 목적인 우주의 균형을 맞추려고 했습니다. 각 스톤은 그에게 각기 다른 능력을 부여했고, 그는 이를 결합하여 무한대의 힘을 발휘할 수 있었습니다.

보았다. 챗GPT를 활용하기 전이였다면 인터넷 검색을 활용해 일일이 검색하고 내가 표로 정리했을 것이지만 이제는 그럴 필요가 없어졌다. 나는 챗GPT에게 10년 차 '영화 평론가'로 캐릭터로 부여하였다. 그리고 6개의 인피니티 스톤의 이름, 특징, 고유의 색깔, 타노스의 활용법에 대해 표로 만들어 설명해 달라고 요청하였다. 단 한 번의 요청으로 내가 원하는 답을 표의 형태로 받아 볼 수 있었다.

파트 요약

챗GPT는 방대한 정보를 비축하고 사용자의 요청에 따라 데이터를 제작하여 이를 결과물로 보여 주는 만능 비서이다. 챗GPT는 철저히 사용자가 지시하는 대로 구동되기에, 효과적으로 활용하면 목회와 사역에 엄청난 도움을 얻을 수 있다. 챗GPT를 제대로 활용하려면, 챗GPT에게 적절한 명령을 내리는 프롬프트를 잘 사용하는 것이 무엇보다 중요하다.

PART
2

목회자와
챗GPT

전체 개요

새로운 포도주는 새로운 부대에 담아야 한다. 급변하는 지금의 시대는 이전의 전략과 방법으로는 감당할 수 없다. 새롭게 변화된 지금의 시대에 적합한 목회 계획이 작성되어야 한다. 다양한 목회 세미나와 프로그램들이 쏟아지고 있지만, 결국에는 나의 현장 상황에 적합한 목회 계획은 당사자가 세워야 한다. 만약 목회 사역의 제반에서, 챗GPT를 사용하면 어떤 일이 일어날까. 요청하는 답변을 효과적으로 제시하는 챗GPT를 잘 사용하여 적용하는 실질적인 도움이 어떻게 가능한지 확인해 보자.

① 목회 행정과 챗GPT

1) 목회 계획

챗GPT에게 '인천에서 200명 정도가 출석하는 교회'라는 상황을 제시하여, 교회에서의 신앙 부흥을 위한 목회의 방향을 질문하니, 다음과 같은 결과가 나왔다. 챗GPT는 신앙 교육, 온라인 목회, 사회 봉사, 청년 목회, 선교 활동, 커뮤니티의 영역으로 구분하여 답을 제공했다. 또한 각 항목을 목표와 실행 전략, 예상 도전 과제, 지원 자원, 성과 지표를 구분하여 구체적인 내용들을 제시하고 있다. 목회자들은 다양한 세미나와 강의에 참여하여 참고 자료를 얻는다. 그러나 한 교회에서 효과를 보았다는 프로그램이 다른 지역과 교회에서는 적합하지 않을 수 있다. 하지만 챗GPT를 활용하면, 아주 구체적인 상황을 전제로 적합한 프로그램을 다양하게 확보할 수 있다. 이처럼 챗GPT를 활용하면, 스스로 보지 못했던 여러 방향에 대한 새로운 시선과 전략을 얻을 수 있고, 이를 활용하여 목회 방향을 설정하는 기본 자료를 얻을 수 있다. 혹 여기서도 챗GPT를 통하여 얻게 되는 자료가 자신이 원하는 것과 다르다면, 자신이 원하는 결과물이 나올 때까지 다양한 질문을 하면서 지속적으로 요청해야 한다.

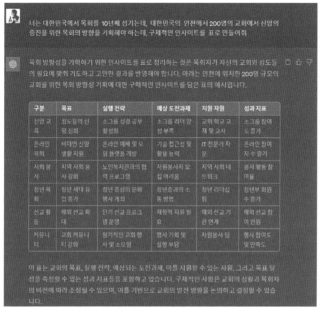

목회 방향 기획

이 과정을 거쳐 목회의 방향이 설정되면, 이를 실현하기 위한 목회 프로그램들을 월별로 요청하여, 다음 결과와 같이 실제적인 과정을 제공받을 수 있다. 이러한 행사들이 자신이 섬기는 교회와 맞지 않는다면, 반복적으로 챗GPT에 질문을 다르게 하여, 자신이 필요로 하는 답변을 얻을 때까지 계속할 수 있다. 이러한 질문을 할 때는 자신이 사역하는 지역을 정확하게 기입하는 것이 필수적이다. 이러한 문답 과정을 지속적으로 진행하면, 사용자에게 요긴하고 효과적인 프로그램들을 설정할 수 있다.

2024년 월별 목회 계획

2) 특별 새벽 기도회

챗GPT의 캐릭터를 '교회성장학을 전공한 목회 경력 10년의 전문가'로 부여하였다. 대한민국 대구에 있는 100명이 출석하는 교회가 부흥을 위한 프로그램으로 '특별 새벽 기도회'를 선정하였다. 이를 위한 구체적인 과정을 잡았다. 챗GPT에게 특별 새벽 기도회의 기획서를 요청하면, 다음과 같이 계획을 만들어 준다.

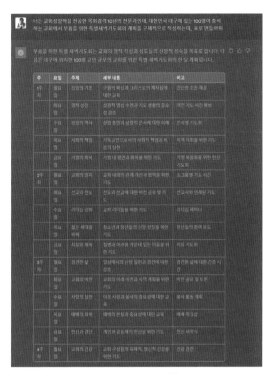

특별 새벽 기도회 계획

챗GPT는 각 요일의 주제를 선정하고, 매일매일의 세부 내용과 하루마다 참고할 사항들을 정리했다. 챗GPT의 답변을 살펴보면 어느 한 부분에 몰두하지 않고, 균형 있게 체크할 사항들을 알려 주고 있음을 알 수 있다. 1주 차 월요일에 간단한 조찬까지 확인하라고 하는 세세함도 볼 수 있다. 이러한 내용을 참고로 하여 실제적인 기획을 준비할 수 있다.

혹 1주 특별 새벽 기도회를 기획한다면 결과는 다음과 같다. 챗GPT에게 '여수에서 목회를 하는 담임목사'로 캐릭터를 부여하고, '성도들의 영적 성숙을 위한 1주간의 새벽 기도회의 계획'을 요청하였다.

그리고 '요일별 주제', '세부 내용'에 관한 부분까지 지시하자 꼼꼼하게
계획을 세워 주었다.

1주 특별 새벽 기도회

　　여기서 주의해야 할 것은 챗GPT는 다양한 문서를 취합하여, 사용
자가 요청하는 질문에 다양한 정보를 조합하여 적절한 답변을 제출
할 뿐이라는 것이다. 아무리 정확하고 세세한 결과를 제공한다 하여
도, 이것이 정답은 아니라는 것이다. 그러므로 챗GPT가 제안하는 사
항을 참고로만 사용해야 한다. 이를 참고하여 자신에게 맞는 방향으
로 적용할 때 적절한 자료를 만들 수 있다. 이를 토대로 각 교회의 상
황에 맞추어 활용하여 진행하면 목회 사역에 효율적인 도움을 얻을
수 있을 것이다.

3) 선교 계획

목회 사역 가운데 단기 선교 계획에 관하여 챗GPT에 문의하면, 챗GPT는 수많은 문서를 취합하여 계획을 제시한다. 설령 담임목사가 단기 선교의 경험이나 지식이 없다고 하더라도 원하는 방향성을 가지고 챗GPT에게 다양한 질문을 하면 기본 개요를 잡을 수 있다. 챗GPT에게 '평택시에서 10년이 넘게 섬기는 교회를 섬기는 목회자'로 캐릭터를 부여하여 질문을 해 보았다. 그리고 전교인과 단기 선교를 위한 기획을 요청하였다. 그러자 챗GPT는 3-4개월 전부터 준비해야 할 것들을 단계를 나누어 제시했다. 이렇게 제시된 자료를 바탕으로 담임목사가 살을 붙인다면 구체적인 계획을 쉽게 작성할 수 있다.

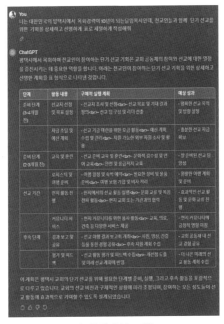

전교인 단기 선교 계획

단기 선교 사역을 진행하는 과정에 '선교 바자회' 프로그램을 기획하고자 한다면 이 또한 챗GPT를 통해 계획을 세워 볼 수 있다. '청주에서 10년째 목회 사역을 하고 있으면서, 10년 정도 선교사로 활동한 적이 있는' 캐릭터를 부여하여 질문을 해 보았다. 챗GPT가 선교지에서 직접 선교 활동을 하였던 것으로 지정하여 선교 현장의 경험이 전체 프로그램에 반영이 되도록 질문해 보았다. 이를 통해 단기 선교에 대한 이해도를 높일 수 있고, 단기 선교 사역에 필요한 전교인의 관심과 재정 확보를 준비하는 데에 충분한 도움을 받을 수 있다.

선교 바자회 준비

준비나 계획이 처음이거나 이에 자주 어려움을 겪는 사역자라면, 이 결과를 가지고 큰 부담을 덜 수 있을 것이다. 챗GPT를 사용하면 고민에 필요한 시간을 줄이고, 행사를 구체적으로 준비하는 과정에 더 많은 시간과 노력을 쏟을 수 있다. 이처럼 챗GPT는 사역의 여러 방면에서 다양하게 사용될 수 있다.

4) 지역 섬김 사역

교회에는 세 가지의 사명이 있다. 그 사명은 시대적 사명, 지역적 사명, 은사적 사명이다. 먼저, 시대적 사명은 교회가 존재하는 그 시대에 교회에 주신 거룩한 사명이다. 교회의 사명은 그 시대적 요청을 이해하고, 그 사명을 충실히 감당할 때 교회로서의 본질에 충실하게 된다. 다음으로, 교회의 또 다른 사역은 교회가 위치한 그 지역에서의 사명이다. 지역 교회가 아무런 이유 없이 그 지역에 있는 것이 아니다. 교회는 그 지역에서 해야 할 사명이 있기에 하나님께서 그 지역에 심으신 것이다. 마지막으로, 은사적 사명이 있다. 교회는 저마다 독특한 은사가 있다. 하나님께서 각 교회에 다양한 지체를 더하여 주신 것은, 그저 교회에 숫자를 채우기 위함이 아니다. 하나님께서 각 교회의 목회자와 성도들이 가진 독특한 은사와 재능을 충분히 활용하여 그 교회만이 할 수 있는 역할을 주셨다. 교회와 목회자는 항상 이러한 사명이 무엇인가를 고민하며 이를 구현하도록 노력해야 한다.

목회자는 이러한 시대적, 지역적, 은사적 고민을 다양한 세미나와 콘퍼런스를 통하여 도움받을 수 있다. 이번에는 챗GPT에게 '오송 지역에서 10년을 목회하는 목회자'로 캐릭터를 부여해 지역 사회의 청소년들에게 장학금을 제공하는 사역과 어르신들을 섬기는 돌봄 사역의 계획을 세워 보았다. 그 결과는 다음과 같다.

이제 지금까지 살펴본 예시를 통해 챗GPT를 활용해 교회 내 프로그램을 어떻게 계획할 수 있는지 어느 정도 감이 올 것이다. 사역에 있어 행정과 행사는 매번 어렵게 느껴진다. 하지만 이제 챗GPT를 활용한다면 그리고 행정 사역들을 구체적으로 실현하는 과정에서 큰 부담을 덜 수 있다. 전체적인 개요를 얻고, 꼼꼼한 검토를 통해 보완하며 나아간다면 반드시 지역과 시대와 은사에 합당한 사역을 잘 감당할 수 있을 것이다. 다시금 말하지만, 챗GPT는 정답이 아니다. 항상 결과를 꼼꼼히 살펴보고, 검토하며 사역을 위한 하나의 도구로 활용해야 한다.

지역 학생 장학금 전달 프로그램

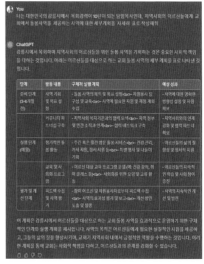

지역 사회 어르신 지원 프로그램

2 설교와 챗GPT

설교는 목회자의 목회 사역 중에서 가장 중요하다. 설교의 중요성은 아무리 강조해도 지나치지 않는다. 목회자는 일 년 동안에 다양한 설교를 하며 매번 성도들에게 잘 전달하기 위해 다양한 방법을 강구하며 연구한다. 만약 챗GPT를 설교에 적절히 활용하면 어떠한 결과가 나올까? 이제 챗GPT를 활용하여 전형적인 패턴과는 다른, 풍성하고 깊은 설교를 준비하는 방법을 살펴보고자 한다. 학교 교사가 수업을 준비할 때 가장 먼저 하는 것은 수업 설계다. 이는 전체 교육 과정 속에서 어떠한 내용을 어떤 방식으로 수업을 진행할 것인가를 계획하는 것이다. 수업에서 강조할 내용을 선정하고, 이를 효과적으로 전달할 다양한 방식을 살펴서 이를 체계적으로 진행하여 나간다. 이처럼 한 편의 설교를 완성하려면 설교를 설계하고, 준비해야 한다. 이제 예시와 함께 그 방법을 살펴보자.

1) 설교 설계

① 설교 주제 선정

5월은 가정의 달이다. 가정의 달에는 어린이 주일, 어버이 주일, 스승의 주일로 다양한 행사를 진행한다. 매년 반복되는 이러한 절기에는 주제가 정해져 있어 새로운 설교를 하기에 어려움을 겪는다. 하지만 챗GPT에게 요청하면 생각하지 못했던 다른 관점에서의 설교들을 기획하는 데 도움을 받을 수 있다. 다음은 챗GPT에게 '5월 가정의 달에 어울리는 설교의 주제'를 요청한 결과다.

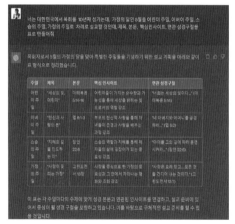

가정의 달 설교 주제 정리

챗GPT에 '대한민국에서 10년째 목회를 하는 목회자'로 캐릭터를 부여하여 가정의 달 5월에 진행할 어린이 주일, 어버이 주일, 스승의 주일, 가정의 주일 설교에 대한 계획을 요청하였다. 설교의 핵심 주제와 성경 본문과 설교 제목, 관련 성경 구절을 표의 형식으로 요청하

나는 챗GPT를 이렇게 사용한다

자, 챗GPT는 즉시 결과물을 표로 만들어 주었다.

② 설교 본문 확정

챗GPT에서 제시한 결과에 오류가 없는지 살펴보고, 4주 차 '가정의 주일을 위한 설교'를 진행하려고 결정한다고 생각해 보자. 챗GPT가 추천한 고린도전서 13장을 본문으로 선정하여 준비를 시작한다. 챗GPT가 이번 설교에서 주제를 '사랑을 중심으로 한 가정의 중요성과 그 안에서 자라나는 평화와 조화와 강조'에 초점을 맞추어 다음의 순서대로 진행한다.

2) 설교 구성

설교를 준비하기에 앞서 가장 중요한 것은 본문으로 선정한 고린도전서 13장에 관한 배경을 먼저 살펴보는 것이다. 설교자가 전하고자 하는 메시지가 성경의 틀 안에서 벗어나지는 않는지, 오류는 없는지 확인해야 한다. 이를 위해서는 본문에 대한 심층적이고 입체적인 이해가 필요하며, 핵심 요절로 활용하고자 하는 고린도전서 13장 7절에 관한 깊고도 넓은 이해가 필요하다. 설교자가 미리 정한 주제에 맞추어 논지를 전개시키는 것은 아주 위험한 접근 방식이다. 그렇기에, 설교를 준비할 때에 성경 본문의 역사적, 사회적, 문학적, 신학적 이해가 절대적으로 선행되어야 한다.

① 본문 배경

고린도전서를 설교하려면, 설교자는 고린도전서를 다양하게 연구한 책이나 자료를 열심히 살펴보아야 한다. 그리고 그 내용을 섭렵하면서 설교에 활용할 수 있는 자료를 추려야 한다. 사실 이러한 과정은 꼭 필요하지만 시간이 오래 걸리고, 오래 집중을 해야 한다는 어려움이 있다. 하지만 이러한 상황에서도 챗GPT를 활용하면 보다 효과적인 설교 설계 작업이 가능하다. 고린도전서의 역사적, 시대적, 문학적, 신학적 배경을 챗GPT에게 의뢰하여 기초 자료들을 얻을 수 있다. 챗GPT에게 '신약을 20년간 연구한 신학 박사'의 캐릭터를 부여하고, 차례로 질문을 하여 본문의 배경을 위한 자료를 확보할 수 있다.

챗GPT에게 고린도전서가 기록되던 시기의 시대적 배경에 대하여 설명을 요청하자 챗GPT는 다음의 결과를 제시하였다.

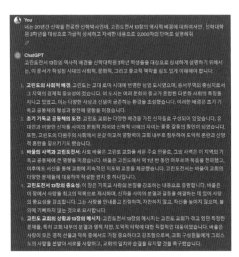

고린도교회의 배경 이해

　　　　　　　나는 챗GPT를 이렇게 사용한다

이 설명은 심층적인 이해를 하는 데에는 다소 자료가 충분하지 못하여, 다시 한번 단어를 조금 바꾸어 요청하자 비슷한 답변을 결과물로 얻었다. 챗GPT는 처음에 자신이 제출한 답변을 고수하는 경우들이 흔히 있다. 이러한 경우에는 질문 자체를 완전히 바꾸는 것이 필요하다. 그래서 나는 일단 챗GPT에 감사하다고 표시하고, 이전과는 다른 질문으로 다음과 같이 챗GPT에게 요구했다.

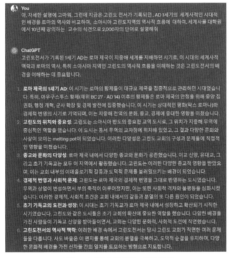

고린도 도시의 시대적 배경 이해

직전의 답과 비교했을 때보다 상세한 설명이 제시되었다. 이처럼 챗GPT에게 어떻게 질문하느냐가 참 중요하다. 챗GPT가 제공하는 고린도전서에 관한 시대적 배경의 자료를 얻었으니 이제는 당시 고린도교회 시대의 사회문화적인 배경을 챗GPT에게 질문했다. 고린도교회가 존재하였던 당시의 사회문화적 배경을 이해했을 때, 바울이 고린도전서를 기록한 이유를 더욱 풍성하게 이해할 수 있기 때문이다. 챗GPT를

'20년간 신약을 전공한 신학 박사'로 캐릭터를 부여하고, A.D. 1세기 소아시아에 위치한 고린도 도시의 사회적, 문화적 배경에 대하여서만 답변해 달라고 요청했다. 챗GPT는 다음과 같은 답변을 제공하였다.

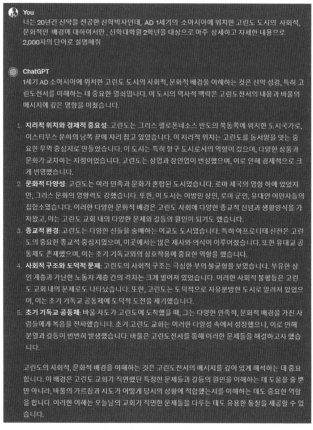

고린도 도시의 사회문화적 배경 이해

이후에 고린도전서에 어떠한 문학적인 특징이 있는지를 챗GPT에게 요청해 보았다.

나는 챗GPT를 이렇게 사용한다

You
너는 20년간 신학을 전공한 신학박사인데, 바울이 고린도전서를 기록해야 했던 고린도교회의 독특한 상황을 다양한 관점에서 설명해주고, 고린도전서 13장의 전후 문맥에 대하여 목회자들을 위한 세미나의 강의 형태로 3,000자의 단어로 설명해줘

ChatGPT
고린도전서는 초기 기독교 공동체가 직면한 도전과 문제들을 다루는 사도 바울의 중요한 서신 중 하나입니다. 고린도 교회의 독특한 상황을 이해하는 것은 고린도전서, 특히 13장의 전후 문맥을 파악하는 데 중요합니다. 이 설명은 목회자들을 위한 세미나의 강의 형태로 구성되어 있습니다.

1. **고린도 교회의 도전과 문제:**
   - **문화적 다양성과 종교적 혼합:** 고린도는 여러 문화와 종교가 혼합된 도시였습니다. 이러한 환경은 초기 교회 내에서 다양한 신학적 이해와 문화적 관행의 충돌을 야기했습니다.
   - **사회적, 경제적 격차:** 부와 가난이 공존하는 고린도 사회는 교회 내에서도 분열을 초래했습니다. 예배 중의 성만찬에서 부유한 신자들과 가난한 신자들 사이의 차별이 두드러졌습니다.
   - **도덕적 문제들:** 고린도는 도덕적으로 자유분방한 도시로 알려져 있었으며, 이는 교회 내의 성적 문란과 같은 도덕적 문제들로 이어졌습니다.
   - **영적 자만:** 교회 내 일부 신자들은 영적 선물(특히 방언과 예언)을 자랑하는 경향이 있었고, 이로 인해 교회 내에서의 불일치와 자만이 문제가 되었습니다.

2. **고린도전서 13장의 전후 문맥:**
   - **12장의 영적 선물에 대한 논의:** 13장에 앞서, 12장에서 바울은 교회 내의 다양한 영적 선물에 대해 설명하며, 모든 선물이 하나님으로부터 오며 교회의 유익을 위해 사용되어야 함을 강조합니다.
   - **사랑의 우선성:** 13장에서 바울은 사랑을 최고의 선물로 제시합니다. 그는 예언, 방언, 지식 등이 사랑 없이는 아무 가치가 없음을 강조하며, 사랑의 진정한 특성을 설명합니다.
   - **14장의 예배 질서에 대한 지침:** 13장 이후, 14장에서 바울은 예배 중의 영적 선물 사용, 특히 방언과 예언에 대한 지침을 제공합니다. 그는 예배의 질서와 이해를 강조하며, 모든 것이 성도들의 성장과 교회의 건설을 위해 이루어져야 함을 강조합니다.

3. **목회적 적용:**
   - **사랑의 중요성:** 목회자들은 고린도전서 13장에서 사랑의 중요성을 깊이 있게 이해하고, 교회 공동체 내에서 사랑의 실천을 장려해야 합니다.
   - **교회 내 다양성의 관리:** 문화적, 사회적 다양성을 인정하고 존중하면서도, 교회 공동체 내에서 일치와 조화를 이루는 것이 중요합니다.
   - **도덕적 기준의 확립:** 현대 교회도 고린도 교회와 유사한 도덕적 도전에 직면할 수 있습니다. 목회자는 교회 내에서 성경적 도덕적 기준을 확립하고 유지하는 데 중요한 역할을 합니다.
   - **영적 선물의 적절한 사용:** 영적 선물은 교회를 세우기 위한 수단이며, 이를 자랑거리나 분열의 원인으로 삼아서는 안 됩니다.

이러한 이해는 목회자들이 고린도전서의 메시지를 현대 교회의 상황에 적용하고, 교회를 건강하게 성장시키는 데 도움을 줄 수 있습니다. 고린도전서는 오늘날 교회가 직면한 문제들을 다루는 데 여전히 중요한 가르침을 제공합니다. 이 서신을 통해, 목회자들은 교회 내 다양성의 관리, 도덕적 도전의 극복, 그리고 교회 공동체의 일치와 성장을 위한 전략을 개발할 수 있습니다.

고린도전서의 문학적 이해

이번엔 바울 신학에서 고린도전서 13장이 지닌 의미와 설교의 주제인 온전한 가정을 세우는 것을 연결하는 정보를 요청하자 다음의 결과를 얻었다.

바울 신학과 고린도전서 13장의 관계

챗GPT의 답변은 고린도전서 13장이 바울 신학에서 차지하는 내용을 알게 하고, 고린도전서 13장의 내용만이 아닌 바울 신학을 입체적으로 이해할 수 있도록 돕는다. 설교자가 이 정보를 활용한다면 설교를 더욱 구조적으로 구성할 수 있다. 그리고 만약 챗GPT에게 이러한 조사 과정을 바탕으로 3개의 설교 교훈을 정리해 달라고 요청하면 다음과 같은 결과를 얻는다.

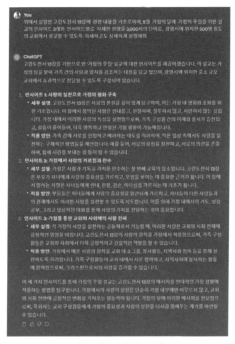

고린도전서 13장 설교 교훈

설교자는 보통 소장하고 있는 다양한 주석과 강해 서적, 그리고 인터넷 자료를 통해 성경 본문을 연구하며 배경 지식을 얻는다. 이러한 방법은 전통적이지만 자신이 보유한 책들을 통해서만 자료를 활용할 수 있다는 한계성을 지닌다. 또한 본문 연구를 위해 책과 자료를 찾는 물리적인 시간 또한 많이 드는 한계도 있다. 챗GPT를 활용한다면 이러한 노력의 시간을 크게 단축시킬 수 있다. 이제 새로운 시대가 펼쳐졌다. 하지만 여기서도 주의해야 할 것은 챗GPT로 설교를 준비할 때 챗GPT가 제공하는 자료 안에 갇혀서는 안 되며, 설교자 개인이 하나님 앞에서 철저히 준비한 설교로 회중들을 섬겨야 한다는 사실이다.

"정보를 얻는 방식이 이제는 달라졌다."

시대의 발달로 성경은 구전에서 양피지로, 이후 종이에서 책으로, 현재는 디지털 파일로 사람들에게 읽히고 있다. 양피지에 기록된 최초의 문서만이 성경으로서의 가치를 지니는 것이 아니다. 인쇄술에 의하여 널리 보급된 성경으로 인해 종교 개혁이 말씀 중심으로 가능하게 되었다. 현시대의 사람들은 언제 어디에서든지 하나님의 말씀을 접할 수 있다. 이러한 시대에서 하나님의 말씀을 더욱 깊이 이해하고 연구하는 데에 챗GPT는 참 유용한 도구다. 건강하게 사용만 된다면, 설교자들은 챗GPT를 통해 더욱 성경 본연의 말씀에 집중할 수 있는 기회를 확보할 수 있게 된다.

챗GPT를 통하여 설교 준비를 할 때 항상 유의해야 할 사항은 설교자의 그 어떤 노력과 수고 없이 챗GPT로 모든 작업을 대신하려는 흐트러진 마음이다. 이 마음이 흐트러지면 어느새 챗GPT가 만들어 준 설교문을 낭독만 하면 된다는 생각을 하게 된다. 챗GPT는 결코 만능이 아니다. 챗GPT는 설교자가 성도님들에게 성경에 더욱 가까운 말씀을 전해 주는 데 있어 열심히 수종드는 만능 비서일 뿐임을 기억해야 한다.

② 본문 분석

설교를 위한 기초 작업 이후에는 성경의 본문을 분석하는 것이 필요하다. 이는 설교를 더욱 풍성하게 만드는 중요한 과정이다. 성경의 본문을 정확하게 이해하려면, 성경이 기록된 원어인 헬라어의 분석과 아울러, 영어 성경 등 다양한 번역과 여러 한글 번역서를 비교하는 작업이 필요하다. 이러한 상황에서 챗GPT를 어떻게 활용할 수 있을지 살펴보겠다. 핵심 구절인 고린도전서 13장 7절에 국한하여 챗GPT에게 질문을 하여 본문을 좀 더 이해하기 쉬운 자료를 얻어 보았다. 챗GPT의 캐릭터를 '20년간 신학을 전공한 신학 박사', 특히 '성경의 원어에 대하여 탁월한 전문가'로 부여했다. 그리고 고린도전서 13장 7절을 단어의 성, 수, 격, 단수와 복수, 동사의 시제에 대하여 폭넓게 설명하고, 영어와 한글 성경을 번역본별로 요청하면 다음과 같은 결과물이 나온다.

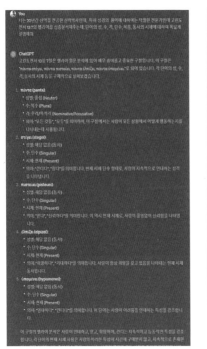

고전 13:7의 원어 이해

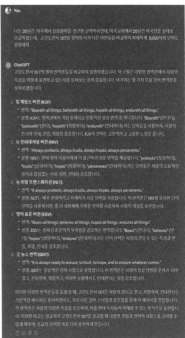

고전 13:7의 영어 버전별 이해

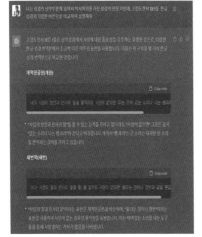

고전 13:7의 한글 번역 버전별 이해

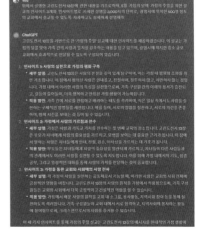

고전 13:7의 현대 한국어 버전별 이해

3) 설교 작성

① 설교문 작성

고린도전서 13장의 다양한 배경 이해와 언어적 분석을 통하여 설교문을 작성하도록 챗GPT에 요청하면, 다음과 같이 설교문을 출력한다. 이 또한 계속해서 반복하지만 챗GPT가 제공하는 설교문은 본문을 통하여 설교를 준비하는 작업에 다른 시선을 갖게 하는 것이지, 완전한 설교문으로 삼아서는 안 된다.

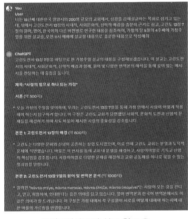

고린도전서 13장 설교 원고 ①

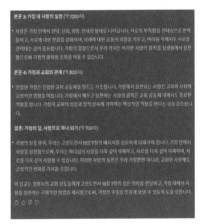

고린도전서 13장 설교 원고 ②

② 예화 첨가

설교문이 작성되면, 이러한 설교문을 더욱 효과적으로 전달할 수 있는 예화들을 첨가하면 더욱 효과적이다. 챗GPT 4.0버전에서는 대체로 가상의 예화를 생성하여 제공하지만, 3.5버전에서는 실제의 예화를 제시한다. 두 버전의 결과물은 다음과 같다.

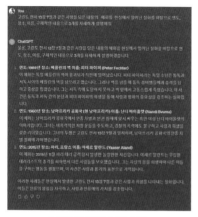

3.5버전의 예화 (실제 예화)

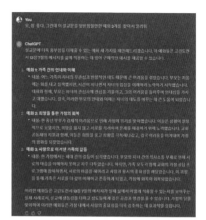

4.0버전의 예화 (가상 예화)

③ 설교문 요약

주일 설교를 요약하여 주보에 기재하거나, 교회 홈페이지에 기재하면, 교회에 출석하지 않은 성도들이나, 설교를 다시 묵상하고자 하는 성도들에게 효과적인 도움을 제공할 수 있다. 설교를 바탕으로 소그룹의 모임에서 설교를 함께 나누고 적용할 수 있는 기회를 제공하면서, 성도들의 교제를 풍성하게 할 수 있다. 성도들이 세속적인 이슈들로 화제를 삼아서 대화하면, 영적 성숙이 쉽지 않다. 또한 저마다의 관심이 각기 다르지만, 함께 들은 설교를 소재로 교제하면 함께 영적 유익을 얻을 수 있도록 돕게 된다. 설교문을 요약하는 것 또한 챗GPT를 통해 손쉽게 작업이 가능하다.

④ 부서별 설교문 전환

주일 오전에 일반 성도들을 향하여 작성한 설교문을 각 교육 부서의 상황에 맞추어 재조정하는 일 또한 챗GPT를 통해 손쉽게 가능하다.

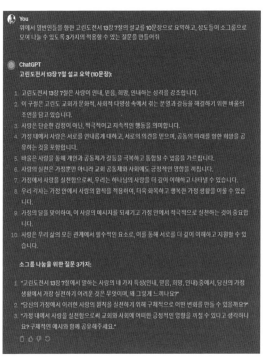

설교문 요약

담임목사가 주일 오전에 한 설교를, 각 교육 부서에 맞추어 재조정하면, 교회 전교인이 동일한 말씀을 듣고서, 같은 영성으로 무장될 수 있다. 담임목사가 주일 오전 예배 시간에 전한 설교를 연령대가 다른 학생들이 이해할 수 있는 설교문으로 바꾸는 작업은 생각보다 아주 까다롭다. 유치부부터 청년부까지 전혀 다른 연령의 눈높이에 맞추어서 해야 하니 상당히 고된 작업이다. 하지만 이 또한 챗GPT를 활용하면 손쉽게 결과물을 얻을 수 있다. 챗GPT에게 요청하면 다음의 예시처럼 설교자가 작성한 설교가 설정한 대상에 맞춰 즉시 변환이 가능하다.

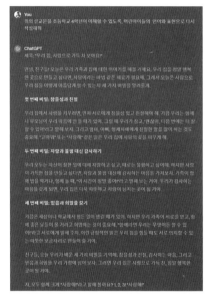

유치부 설교로 변환

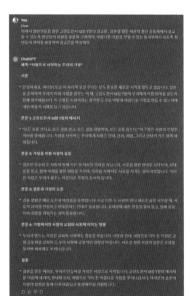

청년부 설교로 변환

4) 설교 활용

① 설교 내용 이미지

만약 설교를 이미지로 표현할 수만 있다면, 온라인에 업로드할 설교 영상의 섬네일을 만드는 작업 또한 효과적으로 사용할 수 있다. 담임목사의 모습을 배경으로 만든 섬네일이 아니라, 설교의 핵심을 표현하는 섬네일을 사용하여, 설교 영상의 초기 화면을 만들면 더욱 접근성이 좋게 만들어진다. 또한 각 그림들은 설교들을 카드 뉴스의 형태로 제작하여, 팸플릿으로 만들어 성도의 신앙 성숙을 위한 좋은 도구로도 활용할 수 있다. 카드 뉴스로 만들어진 설교를 전도 용품의 문구에 활용하고, 소셜미디어에 활용하여, 기존의 틀에 박힌 전도법과는 상당히 다른 효과도 기대할 수 있다.

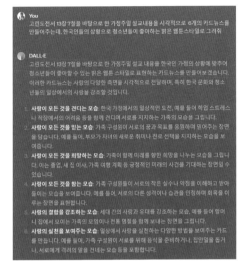 

설교문을 이미지로 변환하기 위한 키워드   설교문을 이미지로 전환

3 절기 설교와 챗GPT

절기 설교는 매해 해야 하는 설교로, 설교자에게 절기 설교는 만만치 않은 작업이다. 그 이유는 설교의 주제가 거의 비슷한 내용의 메시지로 제한되기 때문이다. 그로 인하여 오랫동안 사역하게 되면, 절기 설교를 위한 본문과 설교 주제를 설정하는 일이 난감할 때가 있다. 여러 번 절기 설교를 하다 보면, 이전의 것을 반복하는 설교가 될 수 있기에 자칫 설교가 중복될 수도 있다. 그러나 챗GPT를 활용하면 전혀 새로운 설교를 준비할 수 있다. 챗GPT에게 '양산과 서산에서 10년째 목회하는 목회자'로 캐릭터를 부여하고, 성탄절 설교문과 성령 강림절 설교문을 요청하자 다음의 그림처럼 설교문을 만들어 주었다.

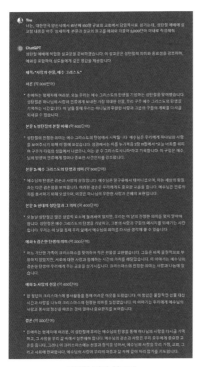

성탄절 예배 설교문   성령강림절 설교문

　우선 챗GPT를 사용하여 설교문을 얻어 그대로 말씀을 전하라는 것이 아님을 기억해야 한다. 챗GPT를 통해 그동안 자신이 바라보지 못했던 새로운 시선과 안목을 얻는 자료로 사용하라는 것이다.

　이 예시처럼 챗GPT를 통해 절기 설교를 위한 영감을 얻고, 착안한다면 설교의 진행 과정을 다양하게 살피는 것이 가능하여 이전과는 다른 절기 설교를 준비할 수 있을 것이다.

심방 설교와 챗GPT

사회가 다양화되면서 이전의 시대와 세대에서는 경험할 수 없었던 새로운 일들이 발생하고 있다. 이는 성도에게도 마찬가지다. 이는 심방을 할 때 더욱 세대의 변화를 체감한다. 가족의 구성원도, 한 가정이 겪는 문제도 이전 시대 문제와 다르다. 때때로 목회자는 지금껏 자신이 한 번도 경험하지 못한 상황에서 예배를 인도해야 하는 순간을 맞이한다. 시대가 아무리 변하여도 하나님의 말씀은 불변하는 진리이다. 하지만 진리를 변화된 시대와 세대에 맞추어 새롭게 적용해야 하는 것이 목회자의 사명이다. 그러니 새로운 도구 챗GPT를 사용하여 낯선 상황에 접하였을 때 도움을 얻을 수 있는 방법을 알아보고자 한다.

1) 은둔형 외톨이 자녀의 가정

급속히 변화하는 시대에 적응하지 못하는 사람들이 외부와 차단한 채, 숨어 버리는 은둔형 외톨이들이 점차 증가하고 있다. 심지어는 활발하게 신앙 생활을 하다가 세상과 자신을 차단하는 성도의 경우도 있다. 이러한 상황에서 심방을 하고 예배를 인도해야 하는 경우에 목회자들은 본문을 선정하기도 난감하고, 설교를 어떻게 진행해야 할 것인가의 문제를 만나게 된다. 이러한 상황에서 챗GPT의 도움을 받아, 낯선 상황에서 설교와 상담을 할 수 있는 도움을 얻을 수 있다. 은둔형 외톨이 현상에 관한 세부적인 이해와 그들을 돕는 실천 방안들을 챗GPT로부터 확보하여 미리 준비할 수 있다.

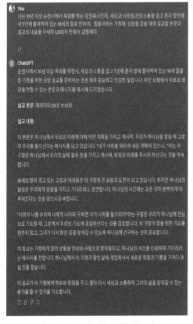

은둔형 외톨이 딸을 위한 설교문

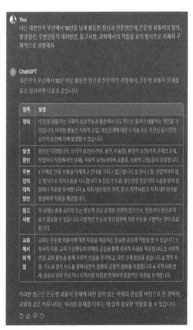

은둔형 외톨이에 대한 이해

2) 다문화 가정의 첫돌 예배

김해의 농공 단지에는 외국인 노동자가 많다. 이러한 지역적 특성으로 인하여, 다문화 가정이 많은 편이다. 외국인이 많이 거주하는 지역의 교회에는 다문화 가정이 출석하는 경우가 많은데, 이 가정들은 그들만의 문화적 정서가 있다. 문화가 다르다 보니 다문화 가정 자녀의 첫돌 예배는 준비에 있어 기획부터 조심스럽다. 타국 문화에 대한 이해가 없다면 어떠한 메시지가 그들에게 위로가 되고, 상처가 될지 짐작하기가 쉽지 않다. 이러한 상황에서 챗GPT를 활용하여 다문화 가정의 문화와 정서적 특징을 파악하고, 필요한 설교를 준비하는 방법은 다음과 같다.

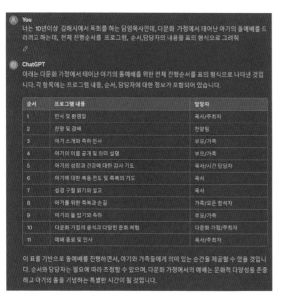

다문화 가정 첫돌 예배

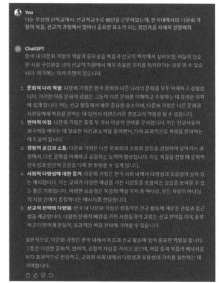

다문화 가정 사역의 중요성

3) 환우가 있는 가정

　예기치 않은 사고로 인하여 뇌사 상태에 빠진 가족 구성원이 있는 가정은 치명적인 절망감과 상실감을 겪는다. 아픔이 있는 가정에 위로의 말씀을 전할 때는 더더욱 주의를 기울여야 한다. 세상의 그 어떤 말로도 위로가 안 되는 가정의 마음에 하나님의 위로가 잘 전달될 수 있도록 준비해야 한다. 이때에 목회자는 기도로 하나님의 마음을 구하며 열심히 설교를 준비해야 한다. 이때에도 챗GPT를 적절히 활용하면, 극심한 절망 속의 가정에 적절하고 필요한 메시지를 발견할 수 있다. 또한 설교 이외에도 편지나 시와 같은 글을 통해 위로를 전할 수 있다. 이 경우에도 아주 의례적인 문장과 단어는 오히려 상처가 될 수 있다. 인간의 감정을 위로하기 위해 인공 지능을 사용하는 것이 못 미덥거나 원치 않을 수도 있다. 하지만 오히려 챗GPT를 통해 더욱 구체적이고 적절한 해답을 얻을 수도 있다. 내가 사용할 수 있는 단어와 표현의 한계를 넘어, 상대방에게 공감이 되는 표현을 오히려 발견할 수 있다.

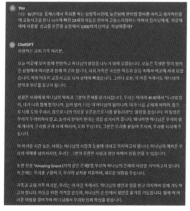

뇌사 환자 아들이 있는 성도를 위한 설교문

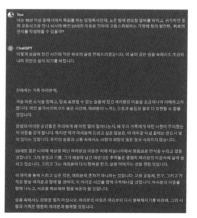

뇌사 환자 아들이 있는 성도를 위한 편지

5 QT 활용과 챗GPT

목회자가 성도에게 영적 성숙을 지도함에 있어 QT는 좋은 통로가
된다. 성도가 주일 설교에서만 하나님의 말씀을 만나는 것이 아니라,
본인 스스로 하나님의 말씀에 접촉해야 한다. 목회자뿐만 아닌 성도
도 성경을 주야로 묵상하고 연구해야 한다. 목회자는 성도가 다양하
게 하나님의 말씀과 접촉할 수 있도록 돕는 영적 책임이 있다. 그렇다
고 성도에게 주석 성경이나 성경 사전을 권하기엔 전문가가 아닌 성도
에게 심층적 이해와 활용에 있어 어려움이 있다. 그렇다면 챗GPT를
활용하여 성도가 QT를 효과적으로 할 수 있게 지원하는 방법을 알
아 보고자 한다.

1) 배경 이해

QT를 제대로 하고, QT 모임을 잘 인도하기 위해서는 교재로 사
용하는 성경 본문에 대하여 기본적인 배경 지식을 가져야 한다. 이를

위하여 챗GPT의 캐릭터를 '10년 이상 전문적으로 성경을 연구하고 QT 훈련 강사'로 부여하고, 구약성경 요나서를 입체적으로 이해할 수 있도록, 요나서의 시대적 배경과 신앙적 배경을 자세히 설명해 달라고 요청하였다. 그러자 챗GPT는 요나에 관한 자료를 재정렬하고, 사용자가 쉽게 이해할 수 있는 내용으로 결과물을 도출했다. 더욱이 교회에 출석한 지 얼마 안 된 초신자가 이해할 수 있는 내용으로 쉽게 표현해 달라고 하자, 이 역시 금방 만들어 주었다. 이를 활용하면 성경에 대한 진입 장벽이 낮아져 부담 없이 초신자도 말씀 묵상에 도움을 얻을 수 있다.

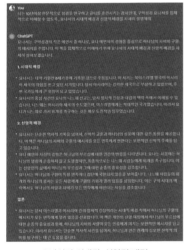
요나서의 시대적, 신앙적 배경

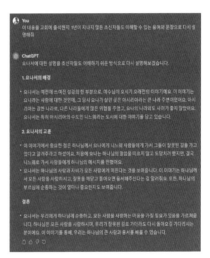
초신자를 위한 요나서 배경과 교훈 정리

2) 내용 분석

QT를 하려는 본문이 낯설 경우 본문의 내용의 의미를 이해하기가 어렵다. 또는 QT를 오랫동안 한 사람의 경우에는 익숙한 본문을 대할 때 자신이 이전에 묵상한 내용으로 해석하려고 하거나, 그 본문으로 강의나 설교를 들은 사람은 그 관점으로 이해하려고 한다. 그런데 챗GPT를 제대로 활용하면, 새로운 접근법으로 본문을 이해할 수 있다. 자신이 지금까지 경험해 보지 못한 새로운 시각으로 성경을 해석하고 묵상하는 효과를 기대할 수 있다. 이러한 내용을 교회에서 매주 자료집으로 발간하거나, 교회 홈페이지와 밴드를 활용하여 공급하면, 지속적으로 성경을 깊이 이해하게 되는 기회가 된다.

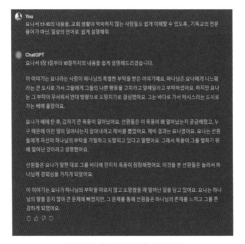

요나서를 초신자들에게 설명하기

3) 적용

QT에서 가장 중요한 부분은 그날 주어진 본문을 스스로 해석을 하고, 묵상을 하고 난 이후에 개인에게 적용시키는 작업이다. 이러한

나는 챗GPT를 이렇게 사용한다

과정은 QT를 지속적으로 해 온 이들에게는 일상적일 수 있지만, 아직 QT가 익숙하지 않은 사람에게는 상당한 부담으로 작용한다. 성경을 읽는 것과는 별개로 성경을 자기 삶에 구체적으로 적용하는 것은 상당히 어려운 일이다. 자기 스스로 적용이 어렵다면, 챗GPT를 통하여 도움을 얻을 수 있다.

챗GPT에게 응답이 필요한 대상을 '대한민국 동탄에 거주하는 30대 미혼 직장 여성'으로 정리하고, 자신이 깊이 묵상할 질문을 3개 만들어 달라고 요청하니 곧장 작업을 해 주었다. 이처럼 각자 자기의 상황에 맞추어 적용을 요청하여, 자기를 살필 수 있는 기회가 될 수 있다.

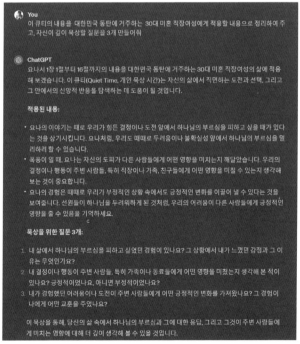

30대 미혼 직장 여성을 대상으로 적용

4) 기도문 작성

QT를 하면서 자신이 얻은 은혜와 도전이 되는 내용을 기도문으로 작성하는 것은, QT를 온전히 자기에게 맞춤으로 구체화하는 데 큰 도움이 된다. 자신이 큐티한 내용이나, 큐티할 본문의 내용을 근거로 한 기도문 작성을 챗GPT에게 요청하면, 챗GPT는 즉시 수행한다. 챗GPT에게 '대한민국 김제시에서 카페를 개업하여 운영하는 40대 남성이 구체적으로 기도할 수 있는 제목 세 가지를 알려 달라'라고 요청하니, 요나의 고난처럼 카페 운영 중에 만날 어려움에도 하나님을 의뢰하며 극복하게 해 달라는 요청하는 기도 제목을 작성하며, 자신의 카페가 주변에 선한 영향력을 나타내게 해 달라는 기도 제목을 작성해 주었다.

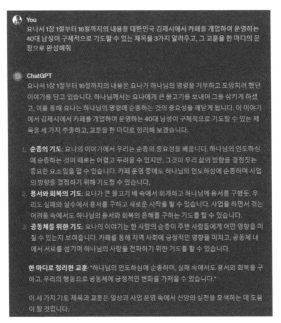

40대 남성의 기도 제목

나는 챗GPT를 이렇게 사용한다

5) 이미지 제작

앞에서 요청했던 김제시에서 카페를 운영하는 사장이 카페 현장에서 '거룩한 영향력'을 나타낼 수 있도록 기도하는 것을 이미지로 만들 것을 챗GPT에게 요청해 보았다. 요청 사항에서 '거룩한'이라는 형용사를 넣어 요청하였는데, 챗GPT는 이를 중세 시대의 성화에 표현된, 성인들의 머리에 있는 후광으로 표현했다. 또한 사장님도 마치 복음 전도자가 전도하는 느낌으로 묘사했다.

재밌는 그림이지만, 현대 사회에서의 거룩함이란 일반인들과 완전히 구분되는 외형에서 나오는 것이 아니라 일상에서 그리스도의 마음으로 살아가는 것이다. 그렇기에 챗GPT에게 다시 이미지를 요청했다. '카페에서 여러 테이블의 손님들에게 바리스타의 복장으로 따스하고

친절하게 섬기는 이미지'로 수정하여 요청하니 다음의 사진을 출력하여 주었다. 이처럼 챗GPT는 자신이 먼저 학습한 내용을 바탕으로 결과물을 만들어 낸다. 그러므로 사용자는 자신이 구상하고 있는 이미지를 정확히 챗GPT에게 요청해야 한다.

나는 챗GPT를 이렇게 사용한다

성경 퀴즈 대회와 챗GPT

　　교회에서 성경 퀴즈 대회를 준비할 때마다 문제 출제에 골머리를 앓는다. 성경을 뒤져 가며 문제에 적합한 부분을 찾는 데에 매우 많은 시간과 노력을 필요로 한다. 단답형은 그렇다고 해도 사지선다 문제나 OX 퀴즈와 같은 문제 출제를 위해서는 더욱 많은 수고와 노력이 든다. 하지만 챗GPT를 활용하면 많은 도움을 얻을 수 있다. 가끔 성경 퀴즈 예제를 준비하면서, 인터넷에 있는 성경 예제 문제를 그대로 사용하는 경우에는 성경 번역본이 달라서 곤란한 상황이 발생하기도 한다. 그리고 만약 그 문제의 정답을 성도가 검색을 통해 확인하게 되면, 더욱 난처한 상황이 발생할 수도 있다. 하지만 챗GPT를 활용하면 이 모든 어려움을 쉽게 극복할 수 있다. 챗GPT를 통해 다른 어디에서도 찾아 볼 수 없는 새로운 문제를 생성하고, 확인을 하면서 그동안의 어려움을 미연에 방지할 수 있다.

You

구약성경 창세기 1장에서 50장을 근거로하며, 일반 성도님들을 대상으로 성경퀴즈 예제를 30개를
출제해주는데, 사지선다, ox, 단답형, ( )안에 글자 채워넣기 등으로 균형을 이루어 출제해줘

ChatGPT

창세기 기반 성경 퀴즈 예제 30개:

1. (사지선다) 창세기 1장에서 하나님은 몇 일 만에 세상을 창조하셨나요?
   A. 6일 B. 7일 C. 5일 D. 8일
   정답: A. 6일
2. (O/X) 창세기 2장에 따르면, 아담과 하와는 에덴동산에서 모든 나무의 열매를 먹을 수 있었다. (O/X)
   정답: X
3. (단답형) 아브라함의 처음 이름은 무엇이었나요?
   정답: 아브람
4. (사지선다) 창세기에서 노아의 방주에 들어간 동물의 종류는 몇 종류였나요?
   A. 각종 1쌍 B. 각종 2쌍 C. 깨끗한 동물 7쌍, 더러운 동물 2쌍 D. 깨끗한 동물 2쌍, 더러운 동물 1쌍
   정답: C. 깨끗한 동물 7쌍, 더러운 동물 2쌍
5. (O/X) 창세기에 따르면, 야곱은 처음에 라헬과 결혼했다. (O/X)
   정답: X
6. (사지선다) 야곱이 처음으로 만난 천사와 싸운 장소의 이름은 무엇인가요?
   A. 벧엘 B. 브엘세바 C. 베뉴엘 D. 야붓
   정답: C. 베뉴엘
7. (단답형) 에덴 동산에서 하나님이 아담과 하와에게 주신 첫 번째 명령은 무엇이었나요?
   정답: 번성하여 땅을 채우라
8. (사지선다) 창세기에서 하나님이 아브라함에게 주신 약속은 무엇이었나요?
   A. 아들을 주실 것 B. 땅을 주실 것 C. 풍성한 수확 D. A와 B 모두
   정답: D. A와 B 모두
9. (O/X) 창세기에서 노아의 방주는 노아가 500세 때 시작되었다. (O/X)
   정답: O
10. (사지선다) 노아의 세 아들의 이름은 무엇인가요?
    A. 셈, 함, 야벳 B. 셈, 야곱, 에서 C. 아브람, 롯, 이삭 D. 셈, 롯, 아브람
    정답: A. 셈, 함, 야벳
11. (단답형) 창세기에서 하나님이 아담에게 주신 첫 번째 직업은 무엇이었나요?
    정답: 동산을 다스리고 보살피는 일
12. (사지선다) 야곱의 아들 요셉이 형제들에게 팔려간 국가는 어디인가요?
    A. 이집트 B. 메소포타미아 C. 가나안 D. 에덴
    정답: A. 이집트
13. (O/X) 창세기에 따르면, 하나님은 아브라함에게 이삭을 제물로 바치라고 명령하셨다. (O/X)
    정답: O
14.
15. (단답형) 창세기에서 하나님이 아브라함과 맺은 계약의 표시로 시행된 것은 무엇이었나요?
    정답: 할례
16. (사지선다) 야곱이 처음으로 꿈에서 본 것은 무엇이었나요?
    A. 천국의 문 B. 사다리 C. 큰 나무 D. 금화
    정답: B. 사다리
17. (O/X) 창세기에 따르면, 라헬은 야곱의 첫째 아내였다. (O/X)
    정답: X
18. (사지선다) 창세기에서 아브라함의 조카 롯이 살던 도시는 어디였나요?
    A. 소돔 B. 고모라 C. 벧엘 D. A와 B 모두
    정답: D. A와 B 모두
19. (단답형) 창세기에서 노아가 방주에 태운 동물 중 깨끗한 동물은 몇 쌍이었나요?
    정답: 7쌍
20. (사지선다) 창세기에서 에서는 자신의 장자권을 무엇과 바꾸었나요?
    A. 금화 B. 보석 C. 붉은 죽 D. 물
    정답: C. 붉은 죽
21. (O/X) 창세기에 따르면, 이삭은 아브라함의 유일한 아들이었다. (O/X)
    정답: X
22. (사지선다) 창세기에서 하나님이 아담과 하와에게 준 첫 번째 의복은 무엇이었나요?
    A. 가죽옷 B. 면옷 C. 비단옷 D. 양털옷
    정답: A. 가죽옷
23. (단답형) 노아의 방주가 멈춘 산의 이름은 무엇인가요?
    정답: 아라랏 산
24. (사지선다) 창세기에서 하나님이 노아에게 약속한 무지개의 의미는 무엇인가요?
    A. 평화 B. 희망 C. 하나님의 사랑 D. 다시는 홍수로 멸망시키지 않겠다는 약속
    정답: D. 다시는 홍수로 멸망시키지 않겠다는 약속
25. (O/X) 창세기에 따르면, 야곱은 12명의 아들을 두었다. (O/X)
    정답: O
26. (사지선다) 창세기에서 하나님은 무엇을 통해 아브라함에게 말씀하셨나요?
    A. 천사 B. 꿈 C. 불꽃 D. A와 B 모두
    정답: D. A와 B 모두
27. (단답형) 창세기에서 아브라함이 살던 우르는 어느 나라에 있었나요?
    정답: 갈대아
28. (사지선다) 창세기에서 하나님이 아브라함에게 준 땅은 어디인가요?
    A. 이스라엘 B. 이집트 C. 메소포타미아 D. 가나안
    정답: D. 가나안
29. (O/X) 창세기에 따르면, 요셉은 형제들에 의해 노예로 팔린 후 이집트에서 바로의 꿈을 해석하게 되
    었다. (O/X)
    정답: O
30. (사지선다) 창세기에서 노아가 방주를 만들 때 사용한 나무의 종류는 무엇인가요?
    A. 감람나무 B. 백향목 C. 소나무 D. 참나무
    정답: B. 백향목

성경 퀴즈 예제 ①   성경 퀴즈 예제 ②

7 시대 이해와 챗GPT

시대의 트렌트가 날이 갈수록 빠르게 변화하고 있다. 동시에 연예인의 성공 방식도 달라졌다. 전통적으로 연예인은 라디오나 TV와 같은 매체에 출연을 하거나, 가수의 경우 음반 판매를 통해 인기를 얻었다. 하지만 현시대는 다양한 미디어가 등장하였고, 유튜브와 인스타그램, 페이스북 등 SNS를 통해 스타가 되는 경우가 많아졌다. 이처럼 매 순간 트렌드가 변하고 있다. 목회자들은 시대의 트렌드, 대중문화의 흐름에 대하여 다소 둔감할 수 있다. 그런데 대중문화 속에는 같은 시대를 살아가는 세대의 의식이 담겨 있다. 대중문화의 변화를 이해하면, 성도를 좀 더 깊이 이해할 수 있고, 특히 대중문화에 관심을 많이 가진 다음세대들을 이해하는 데 큰 도움을 얻을 수 있다.

세계적인 스타 BTS가 엄청난 인기를 얻게 된 이유를 심층적으로 탐구하다 보면, 현대인들의 취향이 어떠한가를 이해할 수 있다. 이를 이해하면 전도지를 만들거나, 교회를 소개하는 팸플릿을 만들 때에 효과적인 제작이 가능해진다. 현대인들이 기독교와 기독교인들에

BTS의 인기 이유 ①   BTS의 인기 이유 ②

게 가진 이미지는, 시대에 뒤처지고 감각이 떨어진다는 것이다. 전도지를 만들거나 전도 행사를 할 때에, 시대의 트렌드를 따르지 않고 기존의 방식대로 진행한다면 오히려 역효과를 유발할 수 있다. 한국 기독교의 초기 역사를 보면, 교회는 시대를 앞서갔고, 일반인들은 교회를 통하여 새로운 문화를 경험하였다. 1990년 초까지만 하더라도, 교회가 시대를 앞서갔지만, 2000년대 이후로 교회는 시대의 감수성에 너무 뒤처져 있다. 교회가 홍보물을 만들거나, 동영상을 만들 때에 시대의 흐름과 무관하거나, 코드가 맞지 않아 오히려 마이너스가 되는 경우가 많다. 바울은 당시의 올림픽을 비유하여 믿음의 경주로 복음을 전했다. 그와 같이 시대의 트렌드를 잘 활용한다면 성도들과 다음 세대들에게 효과적인 메시지를 전할 수 있다.

파트 요약

시대와 사회가 급속도로 변하고 복잡해지면서, 목회자가 경험하지 못하였던 부분들까지 설교와 상담으로 섬기게 되었다. 수없이 방대한 데이터들 가운데에 챗GPT는 사용자가 요청하는 대로, 사용자가 쉽게 납득할 자료로 정리하여 준다. 목회자는 챗GPT가 생성해 준 데이터를 토대로, 변화된 시대와 사회를 이해하고, 여기에 대한 성경적 적용을 재정립하여 교회와 성도들을 효과적으로 섬길 수 있다.

PART
3

교회 교육과
챗GPT

전체 개요

급속히 변화된 시대와 문화 속에서 자라난 새로운 세대는, 이전의 세대와는 완전히 다른 특징들을 보인다. 이로 인하여, 교회 교육을 담당하는 사역자와 교사들은 당황할 만큼, 학생들과의 큰 문화적 차이를 느끼게 된다. 이전의 세대 갈등과는 비교가 안 되는 엄청난 격차 속에서, 이전의 교육법이 아닌 새로운 세대에 적합한 교육 방법을 새롭게 개발하고 활용할 수 있어야 한다. 챗GPT를 통하여 그러한 차이점을 습득하고, 새로운 세대들에게 적합한 교육법들을 개발하고 적용하면서, 더욱 효과적인 교회 교육이 가능하다.

교육 계획 수립과 챗GPT

    교회의 교육 기관에서 작성하는 교육 계획은 대체로 교회의 전통적 일정에서 크게 벗어나지 않는다. 교회 교육 담당자가 전통적인 일정에서 벗어나 계획을 세우기란 여러모로 어려운 일이다. 만약 교회의 규모가 크지 않아서 각 부서별로 사역자를 세울 수 없는 경우라고 하더라도 담임목회자가 모든 부서를 책임지기는 어렵다. 그러한 상황에서 다른 교회의 교육 계획을 참고하여 따르는 것도 마냥 쉬운 일은 아니다. 이런 상황이라면 챗GPT에게 도움을 받아 보자.

    다음은 '대전에서 200명 정도의 교회를 목회하는 담임목회자'의 입장에서 목회 계획 작성을 요청한 것이다. 청년부들에 대한 목회 계획을 살피려고 한다. 먼저, 청년부들에 대한 자료를 제시했고, 더 나아가 청년부들의 사역을 구체적으로 요청하자 챗GPT는 정확한 답변을 제시하였다.

    챗GPT가 제시한 대전 지역 청년들의 필요 상황을 살피면서, 현재 한국의 청년들에게는 아주 중요한 문제인 취업을 매개로 사역을 준비

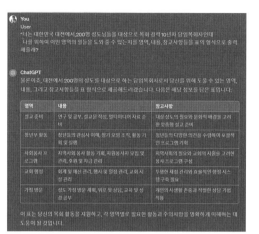

목회 개요

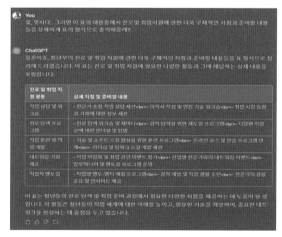

청년부 사역 계획

하기로 했다. 특히 대전 지역에서 생활하는 청년들에게 취업 과정의 어떤 부분을 교회가 도움을 줄 것인가에 주목하게 되었다. 이를 위하여서는 대전 청년들의 진로 및 취업 지원에 관한 더욱 구체적인 지침과 준비할 내용을 챗GPT에게 문의하니, 다음의 내용을 답변으로 제시하였다.

청년 취업 지원 활동

그 내용을 근거로 이 프로그램을 진행시키는 데에 필요한 세부 내역과 예산을 요청하자, 즉시 하나의 표로 제안해 주었다.

이제 이 표에 나타난 예산의 총액을 계산해보겠습니다.

진로 및 취업 지원 프로그램을 위한 월별 예산과 총 예산은 다음과 같습니다:

월	프로그램	세부 내용	예산 (KRW)
1월	직업 상담 및 워크숍	전문가 초청 세션, 이력서 작성 워크숍	500,000
2월	진로 탐색 프로그램	진로 탐색 세미나, 직업군 인터뷰	300,000
3월	직업 훈련 및 역량 개발	기술 훈련 코스, 리더십 개발 세션	400,000
4월	네트워킹 기회 제공	직업 박람회 참가, 네트워킹 이벤트	350,000
5월	직업적 멘토링	멘토-멘티 프로그램, 경력 개발 조언	250,000
6월	직업 상담 및 워크숍	취업 시장 동향 정보 세션, 면접 기술 워크숍	500,000
7월	진로 탐색 프로그램	경력 탐색 프로그램, 탐방 활동	300,000
8월	직업 훈련 및 역량 개발	소프트 스킬 훈련, 온라인 코스 연계	400,000
9월	네트워킹 기회 제공	전문가 네트워킹 이벤트, 알루미나이 프로그램	350,000
10월	직업적 멘토링	전문가의 경험 공유, 인사이트 제공	250,000
11월	직업 상담 및 워크숍	직업 상담 세션, 취업 준비 워크숍	500,000
12월	진로 탐색 프로그램	진로 세미나, 새도잉 프로그램	300,000
총액			4,400,000

이 프로그램들을 위한 총 예산은 4,400,000 KRW (한화) 입니다. 이 예산은 각 월별 프로그램을 원활하게 운영하기 위해 필요한 금액을 포함하고 있습니다.

청년 취업 지원 프로그램 및 예산 정리

나는 챗GPT를 이렇게 사용한다

② 교회학교 설교와 챗GPT

1) 중고등부 설교 예화

중고등부를 대상으로 설교하면서 성경을 통하여 인생의 방향이 결정된다는 메시지를 준비하였다. 본문은 "주의 말씀은 내 발에 등이요 내 길에 빛이니이다"(시 119:105)로 설정하였고, 이에 대한 예화로 최경주 선수가 어린 시절에 골프를 시작하게 된 계기를 택하였다. 최경주 선수의 어린 시절 사진을 구할 수가 없어서 챗GPT를 활용하여 그림을 만들어 보았다. 이미지 자료는 집중을 어려워하는 중고등학교

학생들 설교에서 효과적인 반응을 보인다.

최경주 선수는 어린 시절 가난한 집안 형편이었지만, 역도를 통해 대학을 진학하려고 했다. 하지만 연습 도중 부상을 당하여 역도를 포기해야만 했다. 절망에 빠졌을 당시 세계적인 골퍼 잭 니클라우스가 쓴 『Golf My Way』라는 책을 중고 서점에서 발견하여 읽게 되었다. 골프를 잘하면 대학 진학은 물론 큰돈을 벌 수 있다는 사실을 알게 되었지만, 가난한 형편 때문에 골프장은 근처에도 갈 수 없었다. 그는 지게 막대기를 골프채 삼아 바닷가 모래에 떨어진 솔방울을 치며 연습했다. 끝내 그는 뛰어난 골프 선수가 되어 잭 니클라우스가 주최한 대회에서 우승했고 잭 니클라우스에게 이렇게 말했다. "Your Book has made me." 소망이 없던 소년 최경주는 골프 천재인 잭 니클라우스의 책으로 인생이 달라졌다. 그리고 우리에겐 살아 계시고 전능하신 하나님께서 우리에게 주신 성경이 있다. 성경이 내 발에 등이 되고, 내 길에 빛이 될 때 하나님께서 우리의 인생을 바꾸어 주신다는 메시지였다. 이를 토대로 챗GPT에게 그림을 요청하였다.

나는 챗GPT를 이렇게 사용한다

이처럼 다음세대를 대상으로 설교할 때는 그림 자료를 사용하면 훨씬 효과적인 전달이 가능하다. 이러한 그림을 얻는 것은 쉬운 일이 아니다. 다양한 인터넷 검색을 통하여 이러한 주제를 표현할 그림을 찾는 과정은 많은 시간과 노력이 필요하다. 그리고 이러한 수고로 유사한 그림이나 사진을 찾는다고 해도 그림과 사진의 통일성이 없기에 전달 효과가 떨어질 수밖에 없다.

 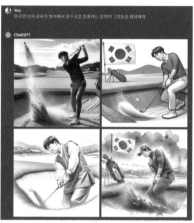

하지만 챗GPT에게 필요한 이미지를 요청하면 다양한 이미지를 생성할 수 있다. 물론 이 과정에서 사용자에게 필요한 이미지들을 확보하기 위해서는 많은 노력을 기울여야 한다. 챗GPT에게 요청하여 받는 그림체와 분위기가 내가 원하는 것이 아니면, 몇 차례의 수정을 거쳐서 다듬어야 하기 때문이다. 그렇기에 챗GPT를 통하여 가장 이상적인 사진을 확보하여야만 이를 활용할 수 있다.

이러한 작업을 통하여 시청각 자료를 활용한 설교로 효과적인 메시지를 전달할 수 있다. 또한 이 설교를 듣는 학생들도 설교자가 학생들을 위하여 성실하게 준비한 것을 인식하면서, 설교자에 관한 신뢰가 증폭된다. 나는 이 설교 자료를 준비하여 부산 성지고등학교의 학생들에게 채플 메시지로 설교하였다. 일반 고등학교에서의 설교는 보통 때보다 더욱 어려움이 많다. 하지만 챗GPT를 활용하여 얻은 이미지로 설교를 풀어 가자 신앙이 없는 친구들도 집중하여 듣는 모습을 볼 수 있었다.

더욱이 학생들에게 준비한 이미지가 챗GPT를 활용하여 얻은 것이라고 밝히면, 학생들을 위하여 최선을 다해 준비했다는 인식과 시대를 앞서 나간다는 인식이 학생들에게 전해지기도 한다. 설교자에 대한 인식이 좋아지면 메시지에 더욱 집중하게 하는 효과가 있다.

2) 유년부 역할극 대본

수업을 지도할 때 학생들이 참여하는 수업은 더욱 효과적이다. 단순히 말로 전달하는 교수 학습은 학습 효과가 떨어진다. 성경 수업도 마찬가지다. 학생들이 참여하는 수업을 기획하는 것이 효과적이다. 교목으로 사역하면서 교회를 안 다니는 학생이 대부분인 교실에서 성경 수업을 진행할 때, 학생들에게 역할극을 통해 수업을 하자 참여도가 매우 높았다. 이처럼 성경 수업에서 역할극 대본을 활용하여 수업을 준비하면 큰 효과를 얻을 수 있다. 하지만 기존의 역할극을 구하는 것이 아닌 이상 역할극을 직접 만들기도 쉬운 일이 아니다.

나는 챗GPT를 이렇게 사용한다

역할극 대본 또한 챗GPT를 활용하여 만들어 보았다. 챗GPT의 캐릭터를 '독실한 크리스천인 10년 차 방송국 드라마 작가'로 설정하고, 누가복음 15장의 '잃은 양을 찾는 선한 목자'의 이야기를 연극으로 만들 수 있도록 대본을 상상력을 총동원하여 드라마틱하게 만들어 달라고 요청해 보았다. 처음 요청을 했을 때는 대본의 형태가 아니라, 장면의 묘사만 결과로 나와 챗GPT에게 다시 작업을 지시했다. '대본을 상상력을 총동원하여 드라마틱하게 만들어 주는데, 서로 대화를 하는 것을 위주로 극본을 작성'해 달라고 요청해 다음의 결과를 얻었다.

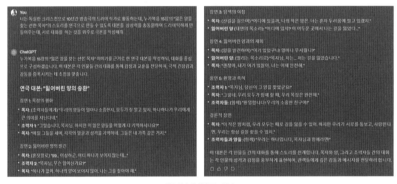

유년부 역할극 대본

주일학교 학생들이 수동적으로 교사들의 메시지를 듣기만 하는 교육에서, 학생들이 주도적으로 참여하는 수업을 진행하게 될 때, 학생들이 수업에 더욱 집중하게 된다. 역할극이 다양한 방법으로 학생들이 수업에 주도적으로 참여할 수 있게 하는 방법이 될 것이다.

3) 초등부 성경 교수법(성경 퀴즈)

초등학교 5학년에게 효과적으로 성경을 가르치기 위해 필요한, 다양한 교수법을 챗GPT에게 질문해 보았다. 챗GPT의 캐릭터를 '신실한 크리스천으로 유초등부에서 10년간 활동한 성경 교사'로 부여하고, 사무엘상 17장에 나오는 '다윗과 골리앗'의 이야기를 초등학교 5학년들에게 효과적으로 전달할 교수법 네 가지를 만들어 달라고 요청하였다.

이러한 지시에 챗GPT는 다음의 결과를 만들어 주었다.

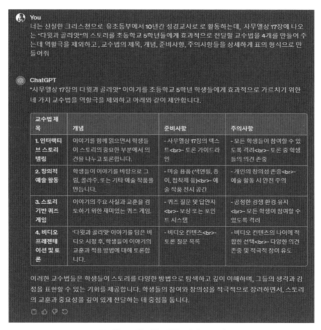

초등학교 5학년을 위한 성경 교수법

초등학생에게 다양한 방법으로 성경 수업을 진행하는 것은 반드시 필요한 작업이다. 그러나 새로운 교수법을 찾기란 일반적으로 얻기

는 어렵다. 새로운 교수법을 전수하는 세미나에 참석해도 활용할 만
한 프로그램을 만나기가 쉽지 않다. 하지만 챗GPT를 활용하면 다양
한 교수법의 정보를 얻을 수 있다. 이러한 방법으로 사역자가 경험하
지 못한 교육법들을 소개받을 수 있다. 이를 잘 활용하면 더욱 다채로
운 교수법을 활용할 수 있다.

4) 중고등부 중독 치유 프로그램

중고등부에서 중독 치유 프로그램을 체계적으로 진행하기 위하
여, 챗GPT에게 질문해 보았다. 청소년들에게 도움을 줄 수 있는 효과

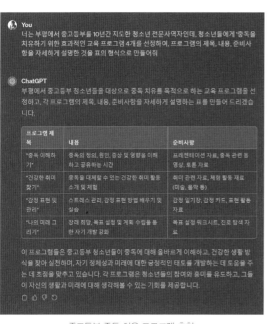

중고등부 중독 치유 프로그램 추천

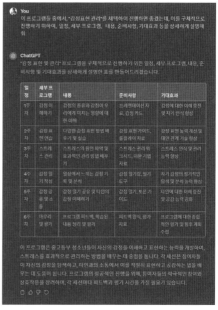

'감정 표현 및 관리' 프로그램 개요

적인 프로그램을 네 가지를 추천해 달라고 하니, 네 가지 프로그램을 제시하였다. 또한 이 프로그램들 중에서 '감정 표현 및 관리'라는 프로그램을 채택하여, 좀 더 구체적인 계획을 챗GPT에게 요청하여 결과를 받아 보았다.

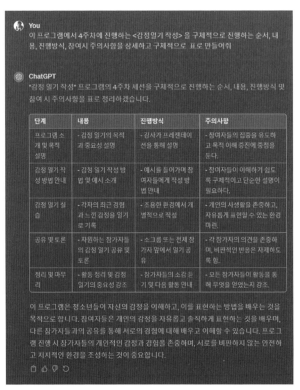

'감정 일기 작성' 프로그램 순서

이러한 결과를 가지고 더욱 심층적인 심화프로그램과 이 프로그램 이후의 기대 효과를 챗GPT에 요청하면 예시 자료 같이 답변을 제시한다. 이렇게 챗GPT에서 만들어 주는 자료들을 근거로 각 교회의 상황에 맞추어 작성하고, 필요한 정보는 프롬프트로 계속 작업하면 원하는 결과를 얻을 수 있다.

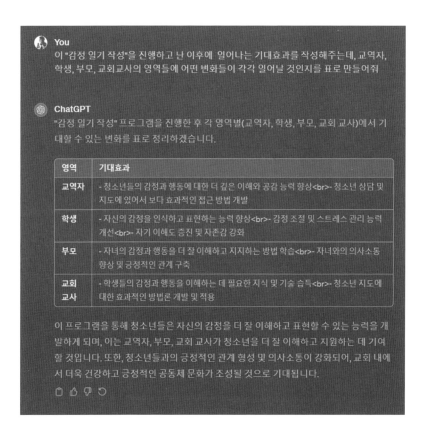

'감정 일기 작성'의 기대 효과

특별 수련회와 챗GPT

교회학교에서 가장 중요한 프로그램은 여름성경학교와 하계수련회다. 그럼에도 해를 반복할수록 비슷한 프로그램들이 진행되면, 학생과 교사가 식상해 할 수 있다. 교역자와 교사들도 매너리즘에 빠질 수 있고, 리더의 경험치가 계획의 질을 좌우하기에 좀처럼 획기적인 프로그램을 창작하기 위해서는 리더의 역량이 필요하다. 하지만 이 또한 챗GPT를 활용하면 자신이 생각하지 못한 프로그램들을 제안받을 수 있다. 그리고 이를 자신의 역량껏 활용하여 완전히 새로운 프로그램을 만들어 후속 프로그램까지도 제작할 수 있다.

1) 유초등부 여름성경학교

유초등부를 대상으로 한 여름성경학교 준비 및 프로그램 구상을 활용한 예시다.

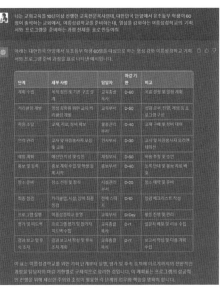

여름성경학교 준비

여름성경학교 프로그램

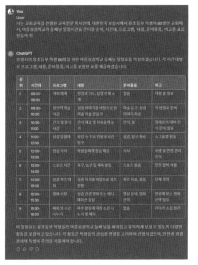

여름성경학교 일정

여름성경학교 후속 프로그램

2) 중고등부 하계수련회

연합수련회, 국내 성지순례와 같은 다양한 유형의 수련회의 방법을 챗GPT를 통해 알아보고, 이를 진행하기 위한 과정 방법을 질문하여 도출한 결과물이다. 그리고 이후에 후속 프로그램으로 교회별 찬양 페스티벌을 준비하고자 구체적인 일정을 챗GPT에 요청해 보았다.

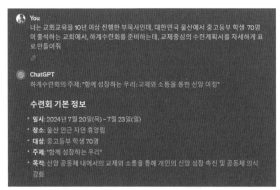

중고등부 수련회 기본 정보

수련회 세부 계획

일자	시간	활동 내용	목표 및 기대효과	준비사항 및 유의사항
7월 20일	08:00-10:00	출발 및 이동	안전한 이동 및 수련회 시작에 대한 기대감 형성	차량 점검, 안전교육 실시
	10:00-12:00	개회 예배 및 오리엔테이션	수련회의 목적 공유 및 일정 안내	예배 준비, 안내 책자 배부
	12:00-13:00	점심 식사	교제를 통한 친목 도모	식사 준비 및 배식
	13:00-15:00	팀 빌딩 활동	소그룹별 협력과 소통 강화	활동 재료 준비
	15:00-18:00	신앙 워크숍	개인의 신앙성장 및 소그룹별 신앙 공유	워크숍 자료 준비
	18:00-19:00	저녁 식사	공동체에서의 교제, 심화	식사 준비 및 배식
	19:00-21:00	저녁 예배 및 묵상 나눔 공유	신앙 간증을 통한 공감대 형성 및 동기 부여	예배 및 간증 준비
7월 21일~22일	[각 일자별 활동 반복]	리층 워크숍, 소그룹 활동, 예배, 레크리에이션	신앙과 교제를 통한 개인 및 공동체의 성장	활동별 준비 사항 체크
7월 23일	08:00-10:00	폐회 예배 및 수련회 정리	수련회를 통한 배움과 감동 공유, 다음 모임에 대한 기대감 형성	예배 준비, 청소 및 짐 정리
	10:00-12:00	귀가 준비 및 이동	안전한 귀가 및 수련회 마무리	귀가 지도 및 안전교육 실시

준비사항 및 유의사항

* **안전 관리**: 모든 활동은 안전 관리 규칙을 준수하며 진행합니다. 외부 활동 시 안전 장비 착용과 지도자의 지시에 따릅니다.
* **건강 관리**: 참가자의 건강 상태를 사전에 확인하고, 수련회 기간 동안 건강 상태를 지속적으로 모니터링합니다.
* **소통 및 피드백**: 수련회 기간 동안 참가자들의 의견을 적극적으로 수렴하고, 필요한 조치를 신속히 취합니다.

이 하계수련회는 신앙 공동체 내에서의 교제와 소통을 통해 중고등부 학생들의 신앙 성장을 도모하고, 서로간의 이해와 연대를 강화하는 데 중점을 두고 있습니다. 수련회를 통해 참가자들이 하나님과 더 깊은 관계를 맺고, 서로를 더 깊이 이해하며, 신앙 공동체로 함께 성장할 수 있는 귀중한 시간이 되기를 기도합니다.

중고등부 수련회 세부 계획

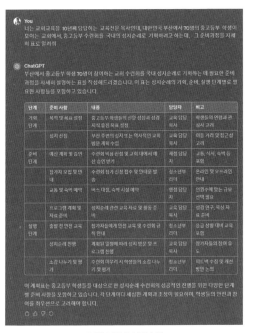

고등부 국내 성지순례

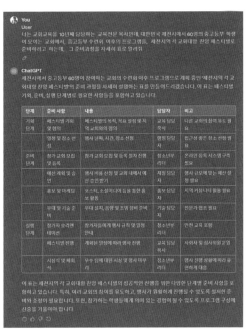

수련회 후속 찬양 페스티벌 대회

3) 청년부 수련회

청년부는 다양한 방법으로 수련회를 진행하는 부서이다. 전통적으로 진행되는 수련회 외에 교회별 연합수련회나 국내 지역 아웃리치를 통하여 영성 프로그램을 진행할 수 있다. 또한 해외 단기 선교 등 다양하게 진행이 가능하다. 이 또한 챗GPT를 활용하여 준비가 가능하다.

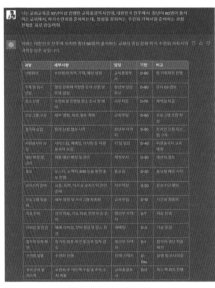

청년부 하계수련회 기획

청년부 연합수련회 기획

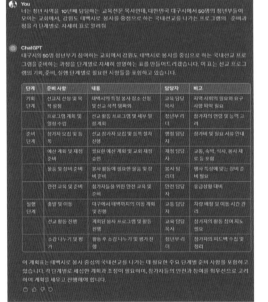

청년부 국내 아웃리치 기획

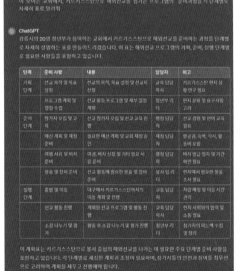

청년부 해외 단기 선교 기획

나는 챗GPT를 이렇게 사용한다

교회학교의
절기 프로그램과 챗GPT

1) 유치부 성탄절

성탄절은 어린아이들이 예수님을 더 깊이 배울 수 있는 훌륭한 기회다. 성탄절 절기에 아이들의 눈높이에 맞춘 새로운 그림책을 챗GPT를 통하여 제작해 보았다. 아이들이 좋아하는 동물을 주인공으로 하여, 성탄의 의미를 일깨워 주는 동화책을 새로이 만들 수 있었다. 이 그림책을 보여 주면서, "너희들을 위하여 만든 세상에서 하나밖에 없는 그림책"이라고 말하며 아이들에게 선물하면, 아이들은 이 책에 대해 큰 자부심을 갖고 흥미를 느낀다.

챗GPT에게 '서울에서 10년째 활동하고 있는 애니메이션 작가'를 캐릭터로 부여하고, '아기 고양이들이 강아지들과 함께하는 스토리보드를 말머리로 작성해 달라'고 요청을 하였다. 성탄절이 산타 할아버지에게 선물을 받는 날이 아니라, 예수님이 주인공이심을 알려 주는 것이 핵심이었다. 그래서 챗GPT에게 '복음에 근거한 성탄절의 본래

의미를 알아 간다는 이야기'로 조건을 제시하였다.

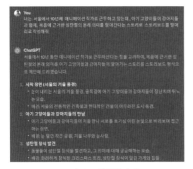

스토리보드 작성하기 ①

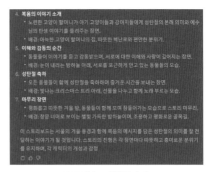

스토리보드 작성하기 ②

챗GPT가 제안한 스토리보드들을 따라서 각 말머리의 이미지들을 차례로 제작하도록 지시해 보았다. 챗GPT에게 이미지들을 작성하라고 지시할 때에는 구체적인 지시가 중요하다. 만들었던 스토리보드에서 4번째 말머리를 아이들이 좋아할 만한 웹툰 스타

일로 밝고 귀엽게 만들어 줄 것을 주문해 보았다. 이처럼 명확한 지시가 중요하다. 특히 각 연령대의 선호도가 다르기에, 이 부분을 늘 염두에 두고 지시를 내려야 한다. 이 이미지들을 모아서 PPT로 보여 줄 수도 있지만, 그림책으로 만들어 활용할 수도 있다. 또한 그림책으로 보여 준 그림들을 흰색으로 만들어 아이들이 색칠을 할 수 있도록 하면 아이들의 참여도를 끌어올릴 수도 있다.

2) 유초등부 감사절

유초등부 학생들에게 효과적인 감사절을 준비하고자 챗GPT에게 '대구에서 교회학교 유초등부를 6년째 섬기는 목사'로 캐릭터를 부여하였다. 그리고 감사 주일을 위한 효과적인 프로그램을 요청하였다. 여기에 챗GPT에게 프로그램과 순서, 내용, 준비 사항, 준비 물품을 표로 만들어 달라고 요청하자 이를 만들어 주었다.

챗GPT는 총 7가지의 프로그램을 내용, 준비 사항, 준비 물품을 차례로 제시해 주었다. 이러한 추천 프로그램 중에서 '감사나무 만들기' 프로그램을 선택하여 이 프로그램을 실행하기 위한 구체적인 내용을 요청해 보았다.

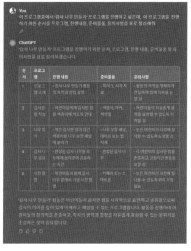

유초등부 감사절 추천 프로그램들　　유초등부 감사절 〈감사나무 만들기〉 개요

3) 중고등부 부활절

중고등부 학생들이 부활절의 개념을 올바르게 깨닫고, 이를 개인
의 신앙 고백으로 이어지게 하고자 챗GPT에게 이러한 상황을 충분
히 설명하여 부활절에 관한 창의적인 프로그램을 요청해 보았다. 챗
GPT에게 '산본에서 교회학교 고등부를 8년째 섬기는 목사'로 캐릭터
를 부여하고, '기존의 프로그램들과는 완전히 구별되는 새로운 프로
그램 기획'을 요청하면서 '프로그램의 순서, 프로그램, 내용, 준비 사
항, 준비 물품'을 표로 만들어 달라고 하였다.

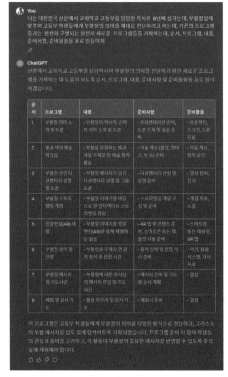

고등부 부활절 프로그램 ①

나는 챗GPT를 이렇게 사용한다

챗GPT가 제안한 자료들 중에서 '증강현실(Augmented Reality)을 활용한 체험'이 디지털 세대인 지금의 학생들에게 더욱 효과적이겠다는 생각이 들었다. '증강현실을 활용한 체험'에 관한 더욱 구체적인 내용을 제시해 달라고 챗GPT에게 요청해 보았다. 이 프로그램을 진행하려면 무엇을 준비하여야 하며, 이를 위해서는 어떤 용품들을 준비해야 할 것인가를 요청하면, 자세한 설명을 해 준다. 활용법과 주의사항을 요청하면 그에 대한 해답을 제시해 준다. 이처럼 챗GPT가 제시한 내용을 바탕으로 더욱 구체적이고 효과적인 방법을 찾아본다면 지금껏 한 번도 진행하지 않았던 창의적인 부활절 프로그램을 기획, 진행할 수 있다.

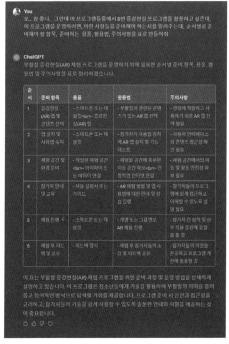

고등부 부활절 프로그램 ②

4) 교회학교의 특별 행사

① 교회 어린이집 졸업 예배

연초 또는 연말, 교회에서 운영하는 어린이집 졸업 예배를 챗GPT를 활용해 새로운 프로그램으로 구상해 보았다. 아이들과 부모님들에게는 아주 의미 있는 추억의 장이기에 기억에 남을 만한 프로그램을 만들어 주는 것이 중요하다.

챗GPT에서 '경산에서 7년째 어린이집 교장으로 사역을 하는 사역자'로 캐릭터를 부여하였다. 그리고 '창의적이고 독특한 프로그램'을 작성해 달라고 요청해 보았다. 챗GPT는 8가지의 졸업 예배 행사를 제시해 주었다. 그중 '타임캡슐' 프로그램의 진행 방법에 대해 보다 자세히 요청해 보았다.

교회 어린이집 졸업 예배

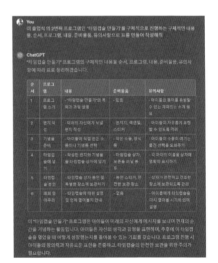

타임캡슐 프로그램 기획

② 유초등부 친구 초청 주일

친구 초청 주일이라면, 자동적으로 연상되는 프로그램이 있다. 그러한 프로그램들을 반복해서 진행하면 전체적으로 활력이 떨어진다. 획기적인 새로운 프로그램은 행사를 준비하는 교사와 참여하는 학생들에게 행사를 기대하게 하는 효과가 있기에 기획이 중요하다.

챗GPT에게 '서울에서 교회학교 초등부를 7년째 담당한 목사'로 캐릭터를 부여하고, '친구 초청 주일'을 위한 프로그램을 요청하니 7가지의 결과가 제시되었다. 프로그램 중에서 '인터렉티브 스토리텔링 게임'이라는 프로그램의 구체적인 준비 과정을 요청하니 다음과 같은 결과를 얻을 수 있었다.

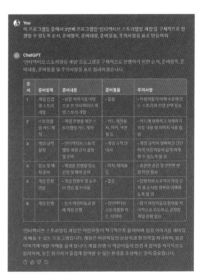

인터렉티브 스토리텔링 게임 프로그램 기획   유초등부 친구 초청 주일

③ 중고등부 학교 연합 예배

중고등부 수련회를 은혜 중에 마치고 난 이후, 이 은혜를 지속적으로 이어 가기 위해 '학교 예배'를 세우는 후속 프로그램을 진행했다. 각 학교가 모여 연합 예배를 드려 받은 은혜를 교회 안에서만이 아니라, 학교에도 흘려 보내고자 했다.

챗GPT에게 '부평에서 중고등부를 10년간 지도한 청소년 전문 사역자'로 캐릭터를 부여했다. 그리고 하계수련회 이후에 '교회 주변의 학교 교회를 세우기 위한 구체적인 일정'을 요청하였다.

학교 연합 예배 기획

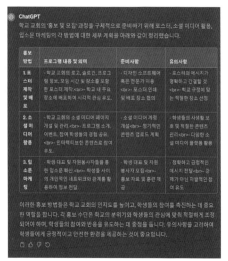

학교 연합 예배 세부 프로그램 기획

챗GPT에게 구체적인 홍보 방법을 요청하자 적절한 답을 얻을 수 있었다. 제안한 홍보 사항을 보면 균형 잡힌 제안을 하고 있다. 오프라인에서의 포스터 홍보 방법과 온라인에서의 소셜미디어를 활용한

나는 챗GPT를 이렇게 사용한다

홍보, 학생들 사이에 입소문으로 전하는 홍보 프로그램들을 소개한다. 더욱이 어느 한 부분에 치우치지 않고 균형 있게 홍보할 것을 제안까지 해 주고 있음을 볼 수 있다.

지금까지 구체적인 사역 상황에서의 챗GPT 활용법을 알아보았다. 아직까지 사람들은 챗GPT에 대해 대충 자료를 정리해서 적당하게 글자 수만 채워 준다는 의식을 가지고 있다. 하지만 살펴본 것과 같이 챗GPT가 제시하는 정보들은 아주 세밀하고 균형적이다. 이처럼 챗GPT의 캐릭터를 잘 세우고, 원하는 정보를 정확하게 지시하고, 원하는 답변을 위에 추가적으로 질문을 해 가면 챗GPT를 활용해 원하는 결과를 얻을 수 있다. 반복해서 말하지만, 여기서 주의해야 할 점은 구별하여 사용해야 한다는 점이다. 내가 가진 역량과 챗GPT의 정보를 잘 활용한다면 여러 사역의 상황에서 최선의 결과를 만들어 낼 수 있다.

파트 요약

새로운 문화 환경에서 자라난 세대들에게 효과적인 교육들을 진행하기 위해서는 새로운 세대가 관심을 가지는 콘텐츠를 개발하고 활용해야 한다. 기성 세대가 되어 버린 교육 담당자들은 챗GPT를 통하여 새로운 프로그램들을 확보할 수 있다.

PART

4

챗GPT의
다양한 활용

전체 개요

챗GPT의 기능이 점차 다양화하면서, 이를 응용하는 영역도 폭넓어지고 있다. 사용자는 참신한 아이디어를 통해 놀라운 결과물을 생성할 수 있게 되었다. 함께 사역할 인력이 극히 부족한 선교지, 또는 동역자가 없는 열악한 환경에 처한 교회에서 챗GPT가 그 공백을 메워 줄 수 있다. 스마트폰을 SNS 이용 정도로 사용하는 사람도 있고, 한 곡의 노래를 만드는 장비로 사용하는 이들도 있듯이 챗GPT는 응용하기에 따라 얼마든지 그 능력이 확장될 수 있다.

1) 선교지에서의 활용

니카라과에서 선교하는 김성 헌 선교사님은, '개혁주의 교리를 가르치는 사역'을 방향으로 선교 하고 있다. 왜냐하면 교회에서 사 도신경을 가르치면, 사도신경이 가톨릭의 것이 아니냐며 묻는 성 도들이 있다고 한다. 이것은 중남 미 지역 대부분의 특징이다. 이러  한 이유로 선교사님은 신앙 고백이 가톨릭만의 것이 아니라는 것을 강조하며 설교를 하신다고 한다. 이처럼 문화나 기조가 다른 선교지 에서 사역을 할 때는 말로 전달하는 것 외에 그림으로 표현할 때 더 욱 효과적인 설교가 가능하다. 그리하여 김성헌 선교사님은 챗GPT 를 활용하여 이미지를 만드시는데, 그림을 일부러 초대 교회 시대에 맞춰서 신앙을 고백하는 모습으로 제작하여 강의하실 때 활용하신 다. 니카라과에서는 다양한 문화를 접하기 어려운 상황인데, 챗GPT 를 활용하여 그림을 활용한 메시지는, 선교지에서 더욱 효과적인 사 역을 가능하도록 돕는다.

교육공학에서는 그림과 같은 매체를 활용하면 보다 큰 효과를 얻을 수 있어 미디어를 활용할 것을 권고한다. 자신이 전하려고 하는 내용을 이미지의 형태로 변환시키는 것은 그림에 재능이 있어도 쉽지 않은 일 이다. 하지만 챗GPT를 활용한다면 가능하다. 선교사님은 챗GPT로 현지인 지도자들에게 교리 교육을 하는 사역과 현지 학생들을 가르치는 일에 실제적인 도움을 얻고 계신다. 사도신경에서 예수님에 관한 부분을 강의하면서, 다양한 예수님의 명칭과 사역들을 나타내는 그림을 챗GPT를 통하여 결과물을 얻었고, 이를 제대로 활용하셨다.

챗GPT가 그린 예수님 시대의 유아 세례

챗GPT가 그린 예수님의 사랑

2) 미술 상담

내가 섬기는 교회의 한 아이는 아주 특이한 성격을 지녀 부모조차 어려워하는 아이였다. 아이는 그림을 좋아하고, 좋아하는 게임 캐릭터를 그리며 밤을 새고, 게임을 하루 종일 하기 일쑤였다. 게다가 의사 표현을 제대로 하지 않아 부모는 아이의 심리와 정서를 모르겠다고 안타까워했다.

나는 그 아이가 그린 그림을 요청해 메시지로 받고, 챗GPT에 '그

남고생의 그림을 해석한 챗GPT

6살 여자아이의 그림을 해석한 챗GPT

림 상담'을 요청해 보았다. 그리고 챗GPT가 분석한 내용을, 아이의 부모에게 전달하여 자기의 아이들을 새롭게 볼 수 있는 기회를 제공하였다. '미술 상담'은 자기의 의사를 잘 표현하지 않는 이들이 그림으로 그들의 내면을 표현하면 이를 전문가들이 적절하게 해석해서 그들을 이해하게 한다.

챗GPT에게 '10년간 어린이 심리 전문 상담사'로 일해 온 캐릭터를 부여하여, 6세 여자아이가 그린 그림을 분석해 달라고 요청하였다. 그러자 "이 그림에는 일련의 인물들이 그려져 있는데, 이는 아마도 가족 구성원을 나타낼 수 있습니다. 인물들은 모두 손을 흔들고 있으며, 긍정적인 감정을 표현하는 것으로 보입니다. 이는 아이가 가족 구성원들과의 관계에서 행복하고 긍정적인 감정을 느낀다는 것을 반영할 수 있습니다. 오른쪽 상단에 그려진

나는 챗GPT를 이렇게 사용한다

붉은색 원과 선은 태양을 상징할 수 있습니다. 이는 에너지와 활력을 나타내며, 아이가 활기찬 환경에서 자라고 있음을 시사할 수 있습니다" 라는 분석 결과를 제시하였다. 챗GPT의 해석과 6세 아이의 실제 모습과 행동들을 견주어 볼 때 충분히 납득이 가는 결과였다. 이 또한 완벽하게 결과를 신뢰할 수는 없지만, 상담사와 아이들이 만나기 어려운 환경에서는 챗GPT를 활용을 통해 도움을 얻을 수 있다.

3) 사진 속 장소 찾기

챗GPT는 문서 작성이나 이미지 제작뿐만 아니라 이미지를 인식하는 기능도 가지고 있다. 예컨대 사용자가 사진을 활용하여 작업을 할 때 기억이 정확하지 않은 경우, 챗GPT를 통하여 해답을 얻을 수 있다. 사진을 제시하고, 이 사진의 장소와 위치를 질문하면, 가지고 있는 데이터베이스를 기반으로 유추해서 답을

벤쿠버 스팀 클락 사진 확인

해 준다. 이전에 벤쿠버 유스코스타에 강사로 참여했을 당시 타운에서 본 스팀 클락(Steam Clock) 사진을 찍은 적이 있다. 이 사진을 가지고 챗GPT에 질문을 하자 바로 정확한 위치를 알려 주었다.

스위스 라우터브루넨 계곡

2014년, 유럽을 여행하면서 스위스의 융프라우를 향하여 올라가던 때였다. 버스를 타고, 먼 거리를 계속 이동하는 강행군 속에서 함께 동행하는 이들 모두 지쳐 잠이 들었을 때, 나는 시시각각 달라지는 유럽의 깊은 산들을 보면서 잔뜩 들뜬 채로 흥분이 되어 있었다. 그러던 중 스쳐 지나가는 폭포를 재빠르게 사진을 찍은 적이 있다. 이 폭포의 이름이 궁금했지만, 아무도 아는 이들이 없었다. 아주 오랜 후에야 우연히 본 여행 프로그램에서 이 폭포가 라우터브루넨의 스타우바흐 폭포라는 것을 알게 되었다. 이렇게 우연의 기회가 없었다면 나는 여태껏 폭포가 어디였는지 알지 못했을 수도 있다. 하지만 지금은 궁금하다면 바로 챗GPT에 물어보면 해답을 얻고, 그 장소에 대한 다양한 정보를 얻을 수 있다.

4) 이미지 해석

오픈AI가 챗GPT의 기능을 지속적으로 업데이트하면서 복잡한 도표와 그래프를 분석하여 그 의미를 설명해 줄 정도의 지능화가 되었다.

어느 날, MOST VALUABLE COMPANIES[31]라는 도표를 발견하였는데, 이 도표에 대한 다른 설명을 알고 싶어 챗GPT에게 이 도표의 의미가 무엇인지 문의하였다.

챗GPT는 이를 분석하여 이 그래프는 '2023년 세계에서 가장 가치 있는 상위 50대 기업'을 시각화한 것임을 알려 주었다. 각 기업의 시가 총액을 기준으로 정렬되어 있으며, 다양한 산업 분야를 대표하는 기업을 포함하고 있다고 설명했다. 또한 이 도표가 보여 주는 이미지를 구체적으로 설명해 주었다.

---

31 https://www.facebook.com/visualcapitalist. 2023.11.30. 포스팅

도표 해석

이 도표 해석 이후 챗GPT는 도표를 통해서 각 기업들이 이 도표를 어떻게 적용해야 할 것인가를 덧붙여서 설명해 주었다.

기업의 적용 제시

영어 능력에 어려움이 있거나, 도표 분석이 어려운 사람에게는 이 도표가 의미하는 것이 무엇인지 해석하기가 어려울 것이다. 하지만 챗GPT를 활용하면, 번역과 더불어 이 도표의 의미 파악까지 한번에 알 수 있다.

5) 초청 카드

크리스마스에 카드를 주고받던 풍습도 시대와 기술의 발달로 인하여 많이 바뀌었다. 실물 카드를 주고받다가 어느새 이메일로 주고받기 시작했고, 지금은 메신저와 SNS의 발달로 다른 이들이 만든 카드를 활용하여 서로 공유하기도 한다.

챗GPT를 활용하면 크리스마스 카드와 생일 파티 초청 카드를 비롯한 다양한 카드를 직접 만들 수 있다. 챗GPT에게 '10년째 전문적으로 디자인 작업을 한 전문가'로 캐릭터를 부여하고, 내가 원하는 스타일의 크리스마스 카드를 상세하게 요청하였다. 이러한 요청에 챗GPT는 다음과 같은 크리스마스 카드를 만들어 주었다. 그리고 나는 챗GPT가 만들어 준 크리스마스 카드를 PPT로 가져와서, 내가 전하고 싶은 크리스마스 카드의 문구를 넣어서 카드를 제작해 보았다.

챗GPT가 만든 크리스마스 카드

다음으로는 챗GPT에게 나의 사진을 활용하여, 나의 캐릭터를 만들어서 크리스마스 카드를 만들어 줄 것을 요청하였다. 자신의 사진을 넣어서 보내는 카드는 너무 옛날 과거의 느낌을 주어서 새로운 세대들에게는 불편할 수 있다. 하지만 챗GPT를 통하여 캐릭터를 만들어 활용하면 새로운 세대들과 교감을 나눌 수 있다. 또한 아이들의 생일 파티를 위한 초청 카드를 만들어 활용하면 세상에 하나 밖에 없는 카드를 만들어 사용할 수 있다.

6) 시험 문제 풀이

2021학년도 대학수학능력시험 수리영역(가형)의 문제 풀이를 챗GPT에게 요청했다. 챗GPT의 캐릭터를 '수능 수학을 준비하는 학원의 일타 강사'로 부여하였다. 챗GPT에게 수능 수학 문제를 풀이해 달라고 지시를 하면서, 역사학과를 지원하려는 학생을 답변의 수신자로 설정하였다. 즉, 이과가 아닌 문과 학생이 이해할 수 있을 정도의 해설을 요청한 것이다.

나는 챗GPT를 이렇게 사용한다

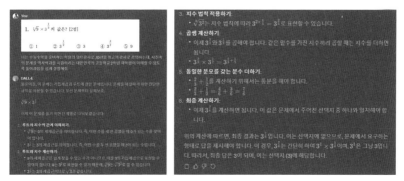

챗GPT의 문제 풀이 답

챗GPT는 수학에 능숙하지 않은 수신자를 감안하여 풀이 과정까지 상세하게 답변을 해 주었다. 하지만 만약 여기서도 풀이를 이해하기 어렵다면 더 쉬운 설명을 챗GPT에 요청하여 보다 쉬운 풀이 과정을 얻을 수 있다. 프롬프트를 다르게 하면 요청할 때마다 다른 답변이 나온다. 또한 이런 유형의 문제를 효과적으로 풀이하기 위해서는 무엇을 추가로 공부하는 것이 필요할지 문의하면 이에 적합한 대답까지도 제시한다.

더욱 쉬운 문제풀이

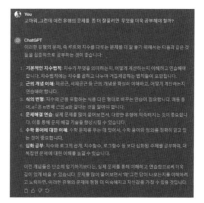

심화 수업을 위한 제안

7) 레시피

냉장고에 있는 식재료의 사진으로 챗GPT에게 만들 수 있는 음식과 레시피를 알려 달라고 요청해 보았다. 나는 챗GPT에게 '일반 가정식 요리 전문가로 인기 있는 반찬 가게를 10년째 운영 중'인 캐릭터를 부여하였다. 그렇게 선정한 이유는 고급 요리를 전문적으로 하는 요리사보다는 일반 가정에서 기본적인 식재료를 가지고 반찬을 만들어 내는 가정식 요리 전문가의 캐릭터가 지금의 이 상황에 더욱 필요하다고 생각했기 때문이다.

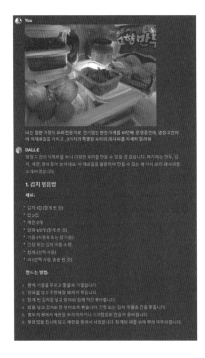

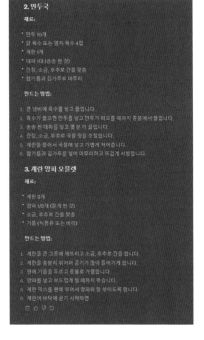

나는 챗GPT를 이렇게 사용한다

챗GPT는 사진을 통해 내가 가지고 있는 식재료 '만두, 김치, 계란, 양파'를 정확하게 인지하였다. 이를 가지고 만들 수 있는 요리 3가지와 이를 만들 수 있는 레시피를 자세히 설명해 주었다. 챗GPT는 이미 학습된 다양한 요리법 중에서 사용자가 요청하는 요리법을 생성하여 제공한다. 만약 다른 요리법을 알려 달라고 요청하면, 즉시 또 다른 요리법들을 제공해 준다. 챗GPT가 단지 텍스트를 통하여 사용자와 소통하는 것이 아니라, 이미지를 통하여 더욱 효과적인 의사소통이 가능하게 된 결과이다. 마치 챗GPT가 눈을 갖게 된 것처럼 챗GPT의 인식 영역이 거의 무한대로 넓어지게 되었다.

이제 챗GPT는 IT와 산업의 영역에서만 작동되는 전문적인 영역이 아니라, 일상의 다양한 영역 속에서도 얼마든지 활용이 가능해졌다.

8) 도면 이해

행복나눔교회가 설립된 지 14년째를 맞아서, 설립 초기에 설치한 노후화된 방송 장비를 교체하기로 했다. 이를 위해 전문가들과 함께 모여 의논하게 되었다. 회의를 진행하는 날, 다른 용무로 회의에 조금 늦은 나는 이미 진행된 회의를 따라가 보고자 화이트보드를 보았는데, 도무지 이해할 수가 없었다.

생소한 분야이다 보니 이후 회의가 진행되는 동안에도 정확한 개념을 이해하기 힘들었다. 내용을 파악해 보고자 나는 손으로 그린 방

송 시스템의 도면의 해석을 챗GPT에 질의하였다. 챗GPT는 도면을 정확히 인지하고, 개념을 설명해 주었다. 또한 이 시스템의 구축을 위해 필요한 금액을 묻자, 각 제품의 가격까지 알려 주었다. 이처럼 챗GPT는 사용자에게 필요한 것을 분야에 구애받지 않고 상세하게 설명해 준다.

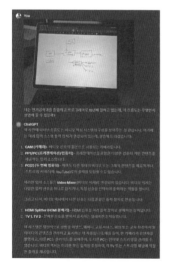

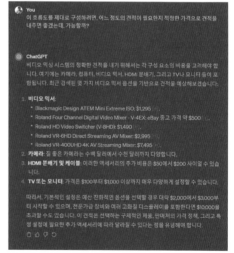

나는 챗GPT를 이렇게 사용한다

9) 기기 장치 이해

교회마다 음향 장비는 전문적인 자격과 경험이 있는 사람만이 다룰 수 있다. 음향 장비의 기능을 제대로 알지 못하는 사람이 함부로 다루면, 음향 장비에 심각한 손상을 입힐 수 있기 때문이다. 나는 장비를 이해해 보고자 챗GPT에 음향 장비의 특정한 스위치에 대하여 질의해 보았다. 음향 믹서기의 스위치를 사진 찍고, 노란 원을 그린 후에 챗GPT에게 질의해 보았다.

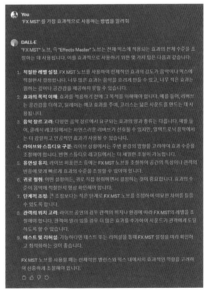

이 밖에도 음향 장비 중에 앰프에 장착되어 있는 스위치 중에서 'BYPASS'에 대하여 질의하고, 이를 효과적으로 사용하는 방법을 요청하니, 챗GPT는 자세하게 사용법을 알려 주었다.

10) 다양한 앱과의 연동

스마트폰이 보급되기 시작하였을 때 사람들은 모이면, 각자 사용하는 좋은 앱을 공유하는 풍경이 있었다. 그 당시에 가장 인기 있었던 것은 자기 얼굴이 어떤 연예인과 싱크로율이 일치하는가를 비교하여 알려 주는 앱이었다. 다양한 영역의 새로운 앱들이 지금까지도 수없이 개발되고 있다. 스마트폰 초기 사용자들은 각자 발견하여 사용하는 앱들을 함께 나누면서, 작업에 큰 도움을 얻었다. 챗GPT도 마찬가지다. 챗GPT와 함께 활용하는 다양한 앱(API-Application Programming Interface)과 협력하면 더욱 놀라운 기능들을 수행할 수 있다. 우선 챗GPT는 영어로 프롬프트를 작성할 때 훨씬 효과적인 답변을 얻게 된다. 하지만 그렇다고 영어 모국어 화자가 아닌 우리가 영어로 질문하고자 하면 번역 프로그램을 활용하기엔 시간이 많이 소요되어 번거로울 때가 있다. 이를 위해 챗GPT 프롬프트에서 질문한 한국어를 영어로 번역하고, 영어로 받은 답변을 다시 한글로 번역해 주는 기능의 앱이 있다. 챗GPT에 '프롬프트 지니'를 설치하면, 한글을 영어로 번역해 준다.

영어로 받은 답변을 다시 '프롬프트 지니'를 검색하고, 설정하면 사용이 가능하다. '프롬프트 지니'가 설치되면 챗GPT 프롬프트 창의 왼편 하단에 ①번과 ②번의 버튼이 나타난다.

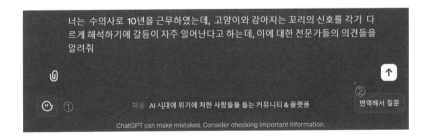

②번의 '번역해서 질문' 버튼을 누르면, 책 GPT에 한글로 질문한 것을 영어로 번역하여 질문하게 되고, 이에 대하여 챗GPT는 영어로

답변하고, 한글로 이를 다시 번역해 준다. 챗GPT가 학습한 자료들은 영어가 대부분이기에, 영어로 챗GPT에게 질의를 하면 훨씬 풍성한 정보를 얻을 수 있다. ①번을 클릭하면, 프롬프트의 문장을 자동으로 번역할 것을 선택할지, 사용자의 선택으로 번역할지와 같은 다양한 설정을 사용자가 지정할 수 있다.

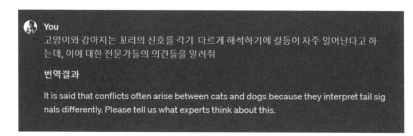

프롬프트에 입력한 한글 영어 번역

한글 프롬프트의 결과물   영어 프롬프트의 결과물의 번역

나는 챗GPT를 이렇게 사용한다

챗GPT를 보다 다양하게 활용할 수 있는 '챗GPT 플러그인'이 폭발적으로 출시되고 있다. 챗GPT 플러그인이란 챗GPT에 특별한 소프트웨어나 웹사이트를 연결하고, 이를 통하여 공급받은 데이터로 특정 용도에 맞추어 사용하게 하는 서비스다. 이를 사용하면 챗GPT의 기능을 다양화하는 기능을 활용할 수 있다. 예를 들어, 쇼핑과 연결된 플러그인을 활용하면, 챗GPT로 검색·추천·예약에서부터 실제 구매까지 대신 가능하다. 또한 업무를 보다 효율적으로 수행하게 하는 챗GPT 플러그인을 활용하면, 업무에 큰 도움을 얻을 수 있다. 이와 같이 챗GPT 그 자체만으로도 충분한 위력을 나타내는데, 다양한 API와 플러그인을 제대로 사용하면 챗GPT의 활용도는 극대화될 수 있다.

파트 요약

챗GPT의 특징과 기능을 사용할수록, 다양한 영역에서의 응용이 가능하다. 스마트폰에 사용자가 원하는 기능의 앱을 추가하면, 스마트폰에서 새로운 기능 수행이 가능하다. 챗GPT의 기능을 더욱 확장할 수 있는 API와 챗GPT 플러그인들이 계속 개발되고 있으니 본인에게 필요한 것을 활용하여 챗GPT를 더욱 여러 방향으로 수월하게 사용이 가능하다.

챗GPT
실전 프롬프트
예제

전체 개요

챗GPT를 실제로 구동시키는 것은 사용자가 챗GPT에게 명령을 내릴 때다. 챗GPT는 사용자가 지시하는 것만을 수행한다. 그러므로 챗GPT를 제대로 활용하려면, 챗GPT가 이해할 수 있는 명령어를 지시하는 것이 필수적이다. 이 명령을 프롬프트라고 하며, 효과적인 명령어를 만드는 것을 프롬프트 엔지니어링이라고 한다. 챗GPT가 수많은 데이터 중에서 사용자가 원하는 결과물을 출력할 수 있도록, 데이터를 선택하고, 생성을 제대로 할 수 있도록 프롬프트를 제대로 활용해야 한다. 이 장에서는 프롬프트의 샘플을 10가지의 영역에서 각 10개씩, 총 100개를 제공한다. 이러한 프롬프트를 참고로 다양하게 사용하면서, 자신만의 챗GPT 사용법을 확보할 수 있다.

챗GPT는 다양한 영역에서 전문가들이 경악할만한 결과물을 만들어 내고 있다. 하지만 챗GPT의 놀라운 능력은 저절로 주어지는 것이 아니다. 챗GPT를 효과적으로 활용하기 위해서는 챗GPT를 작동하게 하는 프롬프트를 잘 활용하는 프롬프트 엔지니어링의 능력을 키우는 것이 그 무엇보다 중요하다. PART 1에서 좋은 프롬프트를 만드는 방법들을 제시한 것을 참조하여, 여기에서는 각기 다양한 영역에서 좋은 프롬프트를 작성할 수 있는 예제를 제시한다.

다음의 명령어들은 프롬프트를 작성하고 다양한 형태로 지시할 수 있는 명령어들이다. 사람들은 흔히 사용하는 언어의 한계를 쉽게 넘어갈 수 없고, 자신이 즐겨 사용하는 표현을 사용한다. 챗GPT에게 질문을 다양하게 표현할수록 사용자가 얻을 수 있는 답변은 더욱 많아진다. 다음에 나오는 명령어들을 요긴하게 활용할 수 있기를 바란다.

1) 작성해 줘	7) 정의를 내려 줘
2) 설명해 줘	8) 코딩해 줘
3) 설계해 줘	9) 검색해 줘
4) 아이디어를 짜 줘	10) 요약해 줘
5) 리스트를 짜 줘	11) 번역해 줘
6) 분석해 줘	12) 만들어 줘

1) 목회 비전을 위한 프롬프트 예제

① 너는 대한민국 구미시에서 10년째 사역한 담임목사로서 세우는 2024년의 목회 계획을 '다음세대 준비'의 관점으로 표의 형식으로 출력해 줘.

② 너는 대한민국 천안에서 개척교회를 5년째 사역한 담임목사로서 세우는 교회당 건축을 위한 '3개년 계획의 준비'를 표의 형식으로 만들어 줘.

③ 너는 대한민국 실천신학 교수로서 10년째 신학교를 섬기는데, 신학교 입학생이 줄어드는 상황에 대한 해법을 구체적인 목표와 실행 과정을 구상해서 표의 형식으로 요약해 줘.

④ 너는 미국 장로교 신학교에서 목회학으로 박사학위를 7년 전에 받은 목사인데, 미국교회 장점들을 한국교회에서 강의하도록 리포트 형식의 3,000자 단어로 정리해 줘.

⑤ 너는 아프리카의 선교지에서 12년을 사역하고 안식년을 시작하는데, 12년 동안 아프리카 선교 사역을 책으로 준비하기 위한 책 순서와 내용을 키워드로 만들어 줘.

⑥ 너는 대한민국 광주에 있는 미션스쿨의 교목으로 10년째 사역하

고 있는데, 매월 학부모 기도회에서 중점적으로 기도할 내용을 월별로 표의 형식으로 만들어 줘.

⑦ 너는 스페인에서 한인교회를 7년째 섬기고 있는 목사로, 스페인 현지인들에게 매월 한 차례 노방 찬양 전도를 할 때 준비할 사항들을 글머리로 출력해 줘.

⑧ 너는 대한민국 진주에 있는 기독교 대안학교 교장으로서 8년째 사역하고 있는데, 학생 진로지도 수업을 위한 마인드맵을 상세하게 만들어 줘.

⑨ 너는 대한민국 울산에서 찬양 선교 단체를 10년째 섬기고 있는데, 네가 사역하는 내용을 웹진의 형태로 소개할 수 있도록 신문 기사의 형태로 답변해 줘.

⑩ 너는 대한민국 여수 인근에서 30명 정도 출석하는 교회를 10년째 섬기는데, 농촌교회 사역에 관한 내용을 페이스북에 포스팅하려고 해. 첨부하는 사진을 바탕으로 원고를 작성해 줘.

2) 목회 프로그램 기획을 위한 프롬프트 예제

① 너는 대한민국의 정읍에서 30명이 출석하는 교회에서 10년째 목
　회하고 있는데, 도시와 농촌의 교류에 관한 프로그램을 개발하는
　방안을 표로 만들어 줘.

② 너는 대한민국의 포항에 있는 청소년들을 대상으로 하는 찬양 선
　교단체에서 10년째 섬기고 있는데, 새로운 멤버를 모집하는 안내
　문의 틀을 출력해 줘.

③ 너는 대한민국 대전에서, 기독교 대안학교 교장으로서 7년째 섬기
　는데, 여러 교회에 발송할 '학교 소개를 위한 팸플릿'을 만들기 위
　해 순서를 작성해 줘.

④ 너는 스페인의 마드리드에서 한인교회를 7년째 섬기고 있는 목사
　인데, 스페인에 오는 한국 관광객들을 대상으로 하는 전도 프로그
　램을 표로 정리해 줘.

⑤ 너는 대한민국 원주시에 있는 미션스쿨의 교목으로 10년째 사역하
　고 있는데, 청소년의 중독문제를 신문에 투고하기 위한 기사 내용
　을 마인드맵으로 작성해 줘.

⑥ 너는 선교지에서 12년을 사역하고 안식년을 시작하게 되는데, 재

충전할 수 있는 지역과 단체를 추천해 주고, 바다 근처에 있는 한국의 기도원 5개를 알려 줘.

⑦ 너는 대한민국 제주시에서 100명의 교회에서 담임목사로 8년째 섬기는데, 지역 주민의 농산물을 육지의 교회와 연결하여 판매할 수 있도록 첨부하는 사진을 보고 홍보물을 작성해 줘.

⑧ 너는 대한민국 울산시에서 100명의 교회에서 담임목사로 8년째 섬기는데, 지역의 청소년들을 대상으로 'e스포츠 대회'를 하려고 하니 대진 방식과 대회 전체 진행 과정에 필요한 내용을 차례로 이야기해 줘.

⑨ 너는 대한민국의 오산시에서 개척교회를 7년째 사역한 담임목사로서, 개척과정에 관하여 책을 쓰려고 하는데, 책의 내용을 글머리 형식으로 작성해 줘.

⑩ 너는 대한민국 구미시에서 10년째 담임목사로서, 입양 사역을 지속적으로 했는데, 이 사역을 동영상으로 홍보하고자 하니 영상의 순서를 제시해 줘.

나는 챗GPT를 이렇게 사용한다

3) 설교를 위한 프롬프트 예제

① 너는 대한민국의 대전의 신학교에서 구약학을 10년 동안 강의한 교수인데, 창세기 22장 1-8절의 원어를 성, 수, 격, 단수와 복수, 동사와 명사, 시제로 분해하여 성경 원본을 잘 이해하도록 설교 세미나에서 발표하는 형식으로 작성해 줘.

② 너는 대한민국의 광주의 평신도 신학교에서 구약신학을 10년 동안 강의한 교수인데, 창세기 22장 7절에 아브라함이 이삭에게 고백하는 말씀을 신약의 부활에 대한 개념을 연결하여 설명하는데 구약학회에서 발표하는 형식으로 5,000자의 단어로 설명해 줘.

③ 너는 대한민국의 창원의 대학병원에서 10년째 원목으로 사역하고 있는데, 호스피스 병동의 환우들에게 부활의 소망 메시지를 전하기 위해 아브라함의 부활 신앙을 근거로 설교문을 3,000자로 작성해 줘.

④ 너는 대한민국의 서울의 구약학자로서 구약의 언어를 5년째 신학교에서 강의하는데, 이사야 53장에서 고난받은 종인 예수님을 누가복음에서 예수님이 겪으신 고난과 연결하여 정리해 줘.

⑤ 너는 대한민국의 청주시에서 강해 설교자로서 300명이 출석하는 교회에서 소선지서를 설교할 차례인데, 요나서의 시대적 배경에

대하여 5,000자의 언어로 신학대학원 3학년들에게 강의하는 형식으로 작성해 줘.

⑥ 너는 구약학자로서 구약의 언어를 5년째에 연구한 구약학자인데, 요나가 가려고 하였던 다시스와 하나님께서 가라고 하신 니느웨 두 도시의 지역적, 문화적, 시대적 특이점을 비교해 줘.

⑦ 너는 대한민국 구리시에서 어린이 전문사역자로 40명의 유초등부 학생들을 섬기는데, 요나를 삼킨 큰 물고기에 대한 설명을 정확하게 소개할 수 있도록 아이들이 이해할 수 있는 용어로 쉬운 언어로 만들어 줘.

⑧ 너는 대한민국의 부산의 신학교에서 구약신학을 10년 동안 강의한 교수인데, 시편 23편을 요한복음 10장의 선한 목자와 비교하여 유사점과 차이점을 말해 줘.

⑨ 너는 대한민국의 안양의 신학교에서 신약학을 7년째 연구한 학자인데, 요한복음 3장 16절을 영어 성경의 여러 번역본을 비교하여 각기 다르게 설명하는 것의 차이를 답변해 줘.

⑩ 너는 대한민국 거제시에서 청소년 부서에서 90명의 중고등부 학생들을 7년째 섬기는데, 요한계시록 21장을 수험생들에게 위로의 메시지로 전하려고 하니 설교문을 5,000자의 단어로 작성해 줘.

4) 상담을 위한 프롬프트 예제

① 너는 대한민국 안동에서, 100년 역사의 교회를 10년째 담임목사로 섬기는데, 자녀들에게 서운함을 느끼고 있는 85세의 남자 어르신을 방문 심방할 때에 복음으로 충분한 위로가 될 수 있도록 설교문을 작성해 줘.

② 너는 선교지에서 12년을 사역하고, 안식년을 시작하려고 하는데, 선교 사역에 위기를 느끼는 선교사들을 위로하는 상담에 관한 책을 쓰고자 하니 그 책의 목차들의 윤곽을 자세히 설명해 줘.

③ 너는 외국인 선교회에서 국내 거주 외국인들을 대상으로 7년째 사역하는데, 미혼모들을 위한 상담 과정의 매뉴얼을 자세히 만들어 줘.

④ 너는 대한민국 안양시에서 10년째 젊은이 사역을 감당하고 있는데, 신혼부부 사역 중에, 맞벌이로 인하여 갈등이 생기는 신혼 가정에 서로를 이해할 수 있는 적절한 메시지를 만들어 줘.

⑤ 너는 대한민국의 세종시에서 500명이 출석하는 교회에서 청년부를 4년째 섬기는데, 다른 교회의 미혼 청년들과 연합 소개팅을 기획하기 위해 청년들이 서로 가벼운 대화를 나눌 수 있는 프로그램의 개요를 알려 줘.

⑥ 너는 대한민국의 대구의 교회에서 중고등부를 5년째 섬기는 교육 목사인데, 신앙생활을 잘했지만 대입에 실패하여 7개월째 재수 중인 남학생에게 큰 동기 부여를 줄 수 있는 내용을 이야기해 줘.

⑦ 너는 대한민국의 김제에서 정신병원 원장으로 15년을 근무하고 있는데, 목회자들의 세미나에서 강의를 요청받아 목회자들이 현대사회의 다양성을 이해하고 목회에 도움이 되도록 강의 내용을 기획해 줘.

⑧ 너는 대한민국의 포항시에 있는 아동병원에서 상담사로 10년 동안 일했는데, 신학교 졸업반 학생들에게 ADHD의 청소년들을 위한 상담 기법을 강의할 내용을 마인드맵으로 풀어 줘.

⑨ 너는 대한민국의 부산에서 의대 교목이자 입양 사역을 20년째 하고 있는 사역자인데, 입양을 고민하는 가정이 입양을 기쁘게 받아들일 수 있도록 상담 시에 제시할 입양의 장점들을 상세하게 답변해 줘.

⑩ 너는 대한민국 안동에서 기독교 대안학교의 교목으로 8년째 섬기는데, 대안학교에서도 적응하지 못하는 여학생에게 적절한 위로를 건네는 손편지를 쓰고자 하니 공감이 될 글을 만들어 줘.

5) 교회 교육 기획을 위한 프롬프트 예제

① 너는 대한민국 의정부에서 교육디렉터 목사로 7년째 섬기고 있는데, 유치부에서 대학부까지 학생기록부 통합 작업을 하고자 하니 학생기록부에 기재할 사항은 어떤 항목들이 포함되어야 하는지를 상세하게 제시해 줘.

② 너는 대한민국 경산에서 교회 어린이집 교장으로 7년째 사역한 원장인데, 연말에 전교인들을 대상으로 어린이집 홍보를 할 때, 교인들이 교회 어린이집에 대해 좋은 이미지를 갖도록 발표의 순서와 필요한 내용들을 자세히 알려 줘.

③ 너는 대한민국 서울에서 교회학교 초등부를 담당한 목사로 7년째 섬기는데, 교사 자체 세미나에서 어린이들의 심리에 대하여 강의를 할 때, 강의 시간에 강조해야 할 목록들을 구체적으로 설명해 줘.

④ 너는 대한민국 원주시에서 100명의 성도가 모이는 교회에서 8년째 섬기는데, 지역 주민 초청 교육세미나를 진행하기 위한 전체 기획과 구체적인 내용을 상세하게 틀을 만들어 줘.

⑤ 너는 대한민국의 춘천에서 200명이 모이는 교회에서 5년을 담임목사로 사역하고 있는데, 수능 당일에 교회에서 하루 동안 학부모 기도회를 하고자 하니, 진행할 수 있는 다양한 기도 프로그램을

자세히 작성해 줘.

⑥ 너는 대한민국의 평택에서 교육부 담당 장로의 역할을 12년째 하고 있는데, 각 교육부서의 일 년의 결산을 함께 나누는 교육박람회를 준비하니 각 부서별로 점검해야 할 요소들을 상세하게 기획해 줘.

⑦ 너는 대한민국 경산에서 섬기던 교회로부터 분립 개척을 하는 목사인데, 새롭게 시작하는 교회의 교육 기관들의 사역 목표를 세울 수 있도록 자세히 알려 줘.

⑧ 너는 대한민국 제주특별자치도에서 100명의 성도가 모이는 교회에서 담임목사로 8년째 섬기는데, 어린이 주일에 전 세대 통합 예배에서 설교할 때 모든 세대가 집중할 수 있는 설교의 주제를 작성해 줘.

⑨ 너는 대한민국 산본에서 청소년 부서에서 90명의 중고등부 학생들을 7년째 섬기는데, 이성 교제와 기독교 세계관을 접목시켜서 강의할 수 있도록 강의 전체 과정의 전개도를 그려 주고, 강의 내용을 5,000자로 요약해 줘.

⑩ 너는 대한민국 의정부에서 300명의 교회에서 10년째 사역하는데, 교회에서 노인대학을 실시하려고 하니 1년, 2학기, 10주간의 커리큘럼을 프로그램, 준비 사항, 준비 물품, 재정, 도우미 역할로 나누어 자세히 만들어 줘.

6) 교회학교 성경 수업을 위한 프롬프트 예제

① 너는 주일학교 교재를 개발하는 총회 교육 간사로 7년째 사역하고 있는데, 매 주일의 성경 수업 시작을 잘 열어 가는 아이스 브레이크 프로그램 10개를 소개해 주고, 구체적인 활용법에 대해 자세히 소개해 줘.

② 너는 대한민국 밀양에서 40명의 유치부 학생들을 5년째 섬기는 주일학교 교사인데, 그 주간의 성경 요절을 잘 외울 수 있도록 돕는 프로그램 3개를 추천해 줘.

③ 너는 대한민국 밀양에서 40명의 유치부 학생들을 5년째 섬기는데, 수업을 마치고 난 이후에 할 수 있는 복습 게임 5개를 만들어 줘.

④ 너는 주일학교 교재를 개발하는 총회 교육 간사로 10년을 사역했는데, 예수님과 니고데모와의 대화를 현대의 2인극으로 할 수 있는 대본을 작성해 줘.

⑤ 너는 대한민국 밀양에서 40명의 유년부 학생들을 5년째 섬기는데, 한 학기의 성경 수업에 대한 시험의 결과에 대한 시상의 방식에 대해 알려 줘.

⑥ 너는 미션스쿨의 성경 교사로 10년째 사역하고 있는데, 교회를

다니지 않는 학생들을 상대로 하는 구원 상담 프로그램을 기획해 줘.

⑦ 너는 미국에서 한인교회 사역 목사로 10년째 사역하고 있는데, 현지인들과 결혼을 하게 될 이들을 위한 4주 차의 결혼학교 프로그램을 준비해 줘.

⑧ 너는 스페인에서 이민 2세대를 섬기는 목사로 10년째 사역하고 있는데, 이민 2세대들이 한글로 성경을 읽을 수 있는 프로그램을 기획해 줘.

⑨ 너는 대한민국 경산에서 기독교 대안학교 총무로서 10년째 사역하고 있는데, 대안학교 간의 연합으로 부활절 특별 프로그램들을 준비할 때, 학생들이 참여할 수 있는 상호적인 프로그램 5개를 추천해 줘.

⑩ 너는 대한민국 포항에서 찬양 선교단체를 10년째 섬기고 있는데, 지역 교회들의 찬양팀들을 위한 연수 과정을 4주간으로 진행하고자 하니 전체 진행 과정을 프로그램, 내용, 준비 사항, 준비 물품의 순서로 설명해 줘.

7) 교회학교 프로그램을 위한 프롬프트 예제

① 너는 대한민국 거제에서 20명의 유년부 학생들을 10년째 섬기는 데, 출애굽 과정의 10가지 이적을 학생들이 잘 이해할 수 있도록 각 이적을 체험할 수 있는 프로그램들을 추천해 줘.

② 너는 대한민국 밀양에서 40명의 유치부 학생들을 5년째 섬기는데, 여름성경학교에서 요나의 이야기를 그림책으로 설명하려고 하니 동물이 출연자가 되는 그림책을 8컷으로 준비해 줘.

③ 너는 대한민국 창원에서 30명의 중고등부 학생들을 6년째 섬기고 있고, 사도행전을 토대로 빌립보 선교 사역의 연극 대본을 만들어 주는데, 고어체로 대화가 위주되도록 작성해 줘.

④ 너는 대한민국 제천에서 20명의 대학부 학생들을 10년째 섬기는데, 삼위일체에 관한 토론의 프로그램에 사용할 주제들을 알려 줘.

⑤ 너는 대한민국 논산에서 50명의 중고등부 학생들을 6년째 섬기는데, 진화론과 창조론의 토론 프로그램에서 다룰 주제들을 말머리로 해서 설명해 줘.

⑥ 너는 대한민국 삼척시에서 10명의 유치부 학생들을 10년째 섬기

는데, 성경 요절을 잘 외울 수 있는 구체적인 프로그램 3가지를 추천해 줘.

⑦ 너는 대한민국 영주시에서 40명의 대학부 학생들을 7년째 섬기는데, 취업의 스트레스로 어려워하는 학생들을 위한 프로그램을 제시해 줘.

⑧ 너는 대한민국 상주시에서 30명의 유치부 학생들을 4년째 섬기는데, '감사'에 관한 동화를 만들 수 있도록 이야기를 만들어 줘.

⑨ 너는 대한민국 인천에서 70명의 중고등부 학생들을 8년째 섬기는데, 여름수련회에서 MBTI를 활용하여 서로를 이해할 수 있는 프로그램을 만들어 가고자 하니 획기적인 방안을 기획해 줘.

⑩ 너는 대한민국 동해시에서 80명의 대학부 학생들을 10년째 섬기는데, 결혼과 비혼에 관한 토론 프로그램을 진행할 수 있도록 구체적인 프로그램의 진행 과정에 대해 정리해 줘.

8) 교회 프로그램을 위한 프롬프트 예제

① 너는 대한민국 상주시에서 150명이 모이는 교회에서 담임목사로 섬기고 있는데, 부활절 계란을 활용하여 지역주민들에게 복음을 전할 수 있는 프로그램을 제시해 줘.

② 너는 대한민국 구미시에서 유초등부가 70명이 모이는 교회학교의 유년부 부장인데, 200명의 유년부 학생과 함께하는 성경학교에서 대표 기도를 해야 하니 학생들의 눈높이에 맞는 기도문을 작성해 줘.

③ 너는 대한민국 대구에서 80명이 모이는 교회의 권사인데, 1주간의 특별 새벽기도회에서 교인들에게 나누어 줄 간식의 종류를 매일 다르게 제공할 수 있도록 구체적인 메뉴를 알려 줘.

④ 너는 대한민국 사천에서 섬기는 교회의 장로로 12년을 섬기고 있는데, 새신자실을 의미 있게 장식하고 싶은데 어떤 장식으로 꾸며야 할지 자세하게 설명해 줘.

⑤ 너는 대한민국 원주에서 교회의 권사인데, 교회의 주차장을 평일에 일반인들에게 개방하지만, 주일에는 예배를 위해 협조해 달라는 안내문을 만들고자 하니 사람들이 잘 받아들일 수 있을 안내문을 만들어 줘.

⑥ 너는 대한민국 이천시에서 교회학교의 유년부 부장인데, 결혼식에서 신랑과 신부가 스스로 만들 결혼 십계명의 예시를 10가지를 전해 줘.

⑦ 너는 대한민국 용인시에서 교회학교의 유년부 부장인데, 시찰회 목사님들을 위한 1박 2일 목회자 위로회에서 진행할 친교 프로그램을 5개 추천해 줘.

⑧ 너는 대한민국 공주시에서 부임한 지 2년이 된 담임목사인데, 30년을 교회에서 섬긴 장로님의 은퇴식에 감동적인 퍼포먼스를 하려고 하는데, 모두가 감동받을 수 있는 프로그램을 5개 작성해 줘.

⑨ 너는 대한민국 의정부시에서 교회학교의 교회학교 부장으로 4년째 섬기고 있는데, 성탄절 축하 프로그램으로 공연하려고 하니 이를 홍보할 포스터를 만들어 줘.

⑩ 너는 대한민국 하남시에서 중고등부가 70명이 모이는 교회학교의 중고등부 부장인데, 성탄절에 학생들이 선물을 나눌 수 있는 프로그램들에 대해 이야기해 줘.

9) 특별 행사를 위한 프롬프트 예제

① 너는 대한민국 남원시에서 유치부가 70명이 모이는 교회학교의 유치부 부장인데, 매월 생일을 맞는 학생들을 대상으로 생일 축하 프로그램을 진행하고자 하니, 참신한 프로그램을 12개 추천해 줘.

② 너는 대한민국 광양시에서 유년부가 70명이 모이는 교회학교의 유년부 부장인데, 학생들을 심방할 때에, 효과적인 심방이 되도록 돕는 프로그램을 설정해 줘.

③ 너는 대한민국 목포시에서 유초등부가 70명이 모이는 교회학교의 유초등부 부장인데, 학생들이 서로 친근하게 지낼 수 있는 마니또 게임의 진행 과정을 준비해 줘.

④ 너는 대한민국 광주에서 대학부가 70명이 모이는 교회학교의 대학부 부장인데, 고3 학생들과 수능 이후에 만나서 진행할 수 있는 좋은 프로그램을 기획해 줘.

⑤ 너는 대한민국 아산시에서 유치부가 70명이 모이는 교회학교의 유치부 부장인데, 장기결석자들을 위한 편지를 작성할 수 있도록 예시를 3개 만들어 줘.

⑥ 너는 대한민국 군포시에서 유초등부가 70명이 모이는 교회학교의

중고등부장인데, 새로운 임원들을 훈련시킬 수 있는 행사를 준비하려고 하니 1박 2일 동안의 프로그램들을 구체적으로 준비할 수 있도록 작성해 줘.

⑦ 너는 대한민국 부산의 교회에서 5년째 교육목사로 섬기는데, 교회의 부서별 부장들과 연석회의를 하려고 하니 진행할 수 있도록 프로그램을 준비해 줘.

⑧ 너는 대한민국 거창에서 400명이 모이는 교회의 장로인데, 교회 설립 20주년 전교인 운동회를 기획하고자 하니 각 부서들이 골고루 참여할 수 있는 6시간 동안의 프로그램들을 기획해 줘.

⑨ 너는 대한민국 경산시에서 장로, 권사 임직식에서 권면의 순서를 맡았는데, 임직자들이 사명을 새롭게 할 수 있는 권면사를 알려 줘.

⑩ 너는 대한민국 세종시에서 개척하는 교회의 설립 예배 순서 중에서 설교를 맡았는데 교회의 방향을 잘 잡을 수 있는 설교를 할 수 있도록 돕는 설교문을 출력해 줘.

10) 일반 행사를 위한 프롬프트 예제

① 너는 대한민국 부산에 있는 10년 차 어린이집 교사로서 연말에 원생들이 발표회를 준비하는데, 항상 공연하던 프로그램들이 아니라 획기적이고 참신한 프로그램을 10개 정도 추천해 줘.

② 너는 대한민국의 광양에서 헬스장을 성공적으로 7년째 운영하는데, 프랜차이즈를 열어 달라는 요청이 와서, 설명회를 해야 하니 설명회의 순서를 정해 주고, 그 순서에 필요한 준비사항을 자세히 알려 줘.

③ 너는 대한민국의 남양주시에서 태권도 학원을 10년째 운영하는 관장으로서 학부모들을 초청하여 공연하려고 하는데, 진행될 프로그램들을 설정하고 구체적으로 준비해야 할 사항을 상세하게 알려 줘.

④ 너는 대한민국의 익산시에서 14년째 태권도 학원을 운영하는데, 태권도 학원을 인수하는 과정에서 어떤 사항들을 확인하고 점검해야 하는지 각 사항별로 점검할 구체적인 목록을 표로 만들어 줘.

⑤ 너는 대한민국 부산의 특급호텔 주방에서 20년간 일했고, 이제 양산시에서 식당 개업을 준비 중이야. 준비해야 할 사항들을 필요한 예산과 함께 과정을 정리해 줘.

⑥ 너는 대한민국의 의왕시에서 식당을 인수하려고 하고 있는데, 온라인에서 홍보를 잘할 수 있는 특별한 프로그램을 만들어 줘.

⑦ 너는 대한민국의 여주시에서 카페를 준비하고 있는데, 소셜미디어에서 효과적인 마케팅을 준비할 수 있도록 표로 설명해 줘.

⑧ 너는 대한민국의 진주시에서 대학생들을 대상으로 10년째 식당을 운영하는데, 최근에 대학생들이 좋아하는 메뉴는 어떤 것이며 레시피는 어떤 것인지 요약해 줘.

⑨ 너는 대한민국의 계룡시에서 편의점을 3년째에 운영하고 하는데, '밸런타인데이' 때에 할 수 있는 좋은 이벤트를 제안해 줘.

⑩ 너는 대한민국의 성남시에서 실용음악 학원을 7년째 운영 중인 원장으로서 랩 배틀 대회에 나가려는 수강생에게 '새로운 시작'이라는 주제로 랩 가사를 써 주는데, 라임에 맞추어서 욕설은 넣지 말고 희망을 줄 수 있는 흥겨운 내용으로 작성해 줘.

나는 챗GPT를 이렇게 사용한다

You
너는 대한민국의 성남시에서 실용음악 학원을 7년째 운영중인데
수강생들 중에서 랩 배틀 대회에 나가려는 참가생에게
'새로운 시작'이라는 주제로 랩 가사를 써주는데
라임에 맞추어서 욕설은 들어 가지 않고 희망을 줄 수 있는 내용으로
흥거운 내용으로 작성해줘

ChatGPT
"새로운 시작"이라는 주제로 희망찬 랩 가사를 작성해드리겠습니다. 욕설 없이 긍정적인
메시지를 담아 열정적이고 흥거운 분위기를 연출해보겠습니다. 여기 가사가 있습니다:

빛나는 아침, 새로운 시작, 햇살 아래 꿈을 펼쳐
매일이 기회, 새 페이지, 날아오르자 높은 하늘에

절대 멈추지 마, 니 꿈을 향해 달려
실패는 발판, 성공으로의 매달리야

포기란 없어, 우리의 어휘 사전에
오직 전진, 믿음으로 꽉 찬 가슴에

매 순간이 빛나, 너의 노력이 만든 보석
자신감을 무기 삼아, 두려움은 저 멀리 던져

희망의 멜로디, 너의 랩에서 흘러나와
어둠 속에서도, 너는 빛나는 별이 되어

매일이 도전, 새로운 길 위를 걸어
목표를 향해, 너의 열정을 쏟아 부어

새로운 시작, 새로운 꿈을 향한 여정
그 길 위에서, 너의 진정한 모습을 발견

힘들 때마다, 이 가사를 떠올려
너의 가능성, 무한대로 펼쳐져

이제 시작해, 너의 이야기를 만들어가
새로운 시작, 희망의 랩으로 이 세상을 밝혀가

파트 요약

챗GPT는 구체적이고 확실한 근거로 지시할 때 효과적으
로 작동한다. 챗GPT를 지속적으로 사용하다 보면, 챗GPT
의 성향과 작업방식에 익숙해져서 더욱 효과적인 프롬프
트를 제작할 수 있다. 적절한 프롬프트는 챗GPT의 성능을
극대화 시킬 수 있기에 제대로 활용하는 것이 절대적으로
필요하다.

PART
6

챗GPT
장점의 활용과
단점의 보완

전체 개요

자동차의 다양한 기능을 정확하게 알면, 쾌적하게 운전하는 데 도움을 얻을 수 있다. 챗GPT가 가진 고유의 특징들을 제대로 활용하면 더욱 효과적으로 활용할 수 있다. 챗GPT가 가진 장점들을 극대화하면서, 효과적인 사용법을 익히는 것이 우선적으로 필요하다. 또한 챗GPT가 가진 단점을 인지하고 적절하게 활용하는 방법을 연구해야 한다.

1 장점의 활용

챗GPT가 출시된 2022년 11월에는 불완전한 측면들이 다소 대두되었다. 하지만 1년이 지나면서 챗GPT는 급속도로 발달하여, 성능이 급성장하게 되었다. 이러한 변화의 속도는 더욱 가파르게 빨라지면서, 챗GPT로 할 수 있는 것이 더욱 많아지고 있다. 챗GPT 4.0버전에 이르러서는 이미지를 인식하는 능력과 이미지를 생성하는 능력이 추가되고, 대화를 통하여 챗GPT와 소통하게 되면서, 챗GPT의 활용도가 무궁무진하게 확장되고 있다. 인터넷의 검색은 단조롭게 정보들을 나열하여 사용자가 많은 시간과 기울여서 정보를 스스로 만들어 나가야 하지만, 챗GPT는 사용자가 필요로 하는 정보를 소비자가 충분히 만족할만한 결과물을 만들어 내는 놀라운 경지에 이르게 되었다. 이러한 챗GPT의 성능을 충분히 활용하면 다양한 효과를 얻을 수 있다.

1) 미지 영역의 자료 확보

사람들은 자기가 경험하는 내용만 알 수 있다. 자신이 읽은 책, 시청한 동영상에서만 개인의 지식이 될 수 있다. 자신이 구입하지 않은 책, 시청하지 않은 영상에 대해서는 결코 알 수 없다. "기억상실증에 걸린 환자는 새로운 경험이나 상황을 상상하지 못한다."[32] 사람은 자기가 경험한 기억 안에서만 생각을 한다. 자신이 체험하지 못한 것은 상상을 결코 할 수 없다. 리더와 교사는 자신에게 익숙하고, 자신이 설명하는 것들만 가르치고 전할 수 있다. 목회자로서 교회의 목회 행정과 설교와 심방을 감당하면서, 자신이 경험하고 배우고 익힌 그 범위 안에서만 사역을 할 수 있다. 자신이 경험하지 않은 사회적, 문화적 환경과 성도들의 심리와 태도에 대해서는 시행착오를 겪을 수밖에 없다. 교회의 규모 차이에 따라서, 교회가 위치한 지역의 정서에 따라서 다양한 차이가 발생한다. 교회에서나 사역 단체에서 행사를 기획할 때에도 자신이 경험한 범주 안에서만 생각을 하게 된다. 이러한 상황에서 챗GPT는 유용하게 사용될 수 있다. 챗GPT는 자신이 살아본 적이 없는 도시와 지역, 그리고 자신이 섬기지 않았던 영역들을 이해하고, 자신의 경험치와는 다른 사역 방식을 새롭게 살펴보고 적용하는 데 큰 도움을 줄 수 있기 때문이다.

또한, 학문과 기술의 발달은 상상을 초월하는 속도로 변화되고 있다. 새롭게 등장한 지식과 기술을 제대로 습득하기도 전에, 전혀 새로

---

32 궤도, 『과학이 필요한 시간』,(동아시아, 2023), 27.

운 기술이 등장한다. 아무리 좋은 시스템이라도 자신이 알지 못하면 사용할 수 없고, 그러한 기술이 중심이 된 사회에서 살아가는 이들에게 적절한 대안을 제시하기 어렵다. 수없이 쏟아지는 지식의 홍수 속에서, 자신 스스로가 읽고, 보고 들을 강의와 책들은 극히 제한적이다. 많은 책과 강의들을 자신과 동일한 관점으로 소화하여 자기에게 전달해 주는 스태프를 고용하는 것은 막대한 경비가 소모되는 일이다. 그런데 이러한 기능을 하는 것이 챗GPT이다. 챗GPT는 5조 개의 문서를 이미 학습하였고, 지속적으로 업그레이드되어 다양한 영역에서 큰 도움을 줄 수 있다. 챗GPT는 미리 학습된 다양한 영역의 자료를 사용자가 원하는 방식대로 제공할 수 있다. 그러므로 챗GPT를 제대로 활용하면 목회 사역과 교회 교육에 큰 도움을 줄 수 있다.

최근 양자 컴퓨터가 각광을 받으면서, 이론적 토대인 양자역학에 대하여 많은 관심이 쏟아지고 있다. 나는 양자역학에 관한 전문 서적들을 구입하여 읽었지만, 정확한 개념을 잡기가 어려웠다. 챗GPT를 '서울의 국립대학교에서 10년째 물리학을 가르치고 있는 교수'로 캐릭터를 부여하고, 고등학교 2학년을 대상으로 한 '양자역학' 특강을 3,000자의 단어로 설명하라고 요청하였다. 그러자 챗GPT는 고등학생들이 이해하기 쉬운 용어로 설명을 하였다. 고등학생을 대상으로 요청하였기에, 전반적으로 쉽게 설명하고 있다.

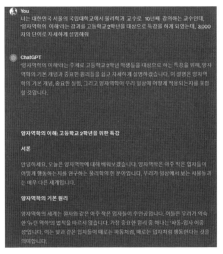

양자역학 설명

나는 의도적으로 신학 외의 다른 분야에 관한 책들을 접하려고 하지만, 과학 영역의 전문 용어가 익숙하지 않고 개념은 상당히 낯설다. 이 문제를 다소 해결하려고 과학 커뮤니케이터의 동영상을 자주 보려고 하지만, 여전히 낯선 것이 사실이다.

목회자가 설교 준비와 심방을 하며 목회를 위한 시간을 준비하기에도 만만치 않은 상황이기에 다른 분야에 관한 지식을 접하는 것은 쉽지 않다. 하지만 챗GPT에게 도움을 청하면서 쉬운 내용으로 결과물을 요청하면, 이해하기 쉬운 형태로 제공받을 수 있다. 그 설명에 추가적인 정보를 얻기를 원한다면, 보다 심층적인 질문을 통하여 더욱 다양한 지식을 접할 수 있다. 이러한 지식을 습득하고, 성도들과의 대담에서 성도들의 전공에 관심을 보이며 대화를 진행하거나, 설교 시간에 이를 알기 쉽게 설명하면 성도들과의 거리가 돈독해질 수 있다.

2) 언제든지 활용 가능

챗GPT는 언제 어디에서나 활용이 가능하다. 아무리 뛰어난 기계도 쉬어야 하고, 그 어떤 전문가라고 해도 쉬는 시간과 휴일이 필요하다. 하지만 챗GPT는 언제나 사용자가 원하는 시간에 작업할 준비가 되어 있다. 최근에 일과 삶의 균형을 강조하는 워라밸(Work-Life Balance)이 대두되면서, 퇴근 이후나 휴일에 업무를 지시하는 일이 금기시되었다. 하지만 챗GPT는 사용자가 원하는 시간에는 언제든지 업무를 수행할 수 있다.

나는 이 책을 집필하면서, 몇 날 밤을 새우는 경우가 있었다. 하지만 그 순간 마다 챗GPT가 원하는 정보를 언제나 제공해 주어서, 그 결과로 책이 완성될 수 있었다. 만일 이 작업을 근무 시간에만 맞추어 할 수 있었다면 집필 시간은 한없이 늘어졌을 것이다. 또한 챗GPT를 책상 위의 PC에서만 할 수 있었다면, 책상에 앉아 있는 시간에만 가능했을 것이다. 하지만 노트북과 태블릿, 스마트폰으로도 언제 어디에서나, 챗GPT를 충분히 활용할 수 있었기에 집필이 효율성 높게 진행될 수 있었다.

교회에서 성도님들과 대화를 하다가 한 분이 항공 마일리지가 6만 마일이 있는데 어떻게 활용해야 할지 모르겠다고 하셔서, 핸드폰에 설치된 챗GPT로 확인하고 보여 드리니, 정말 큰 도움이 되었다고 하셨다. 이와 같이 챗GPT는 언제, 어디에서나 활용할 수 있다.

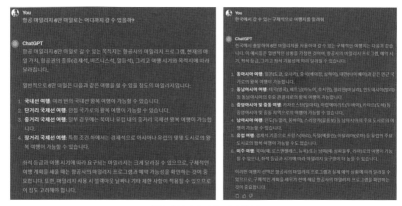

항공 마일리지 사용 방법 확인

3) 다양한 시각과 관점

사람은 누구나 세상을 바라보는 관점이 제한된다. 이는 신학적 관점에서도 동일하게 적용된다. 목회자나 사역자들은 자신들이 신학교 시절에 공부한 신학적 관점이나, 신앙이 자라기 시작하던 당시의 교단이나 교회의 특징에 따라 신학적 관점이 정립된다. 이렇게 한 번 정립된 관점은 보수적 관점이나 진보적 입장이든지, 좀처럼 변화되지 않는다. 시간이 지날수록 신학적 체제는 더욱 강력하게 뿌리를 내린다. 이러한 이유로 인하여 신학적 패러다임을 다양하게 살필 수 있는 기회를 챗GPT를 통해 얻을 수 있다. 챗GPT를 통하여 지속적으로 다양한 관점에서의 심층 질문을 하면서, 다양한 신학적 관점으로 살펴볼 수 있게 된다.

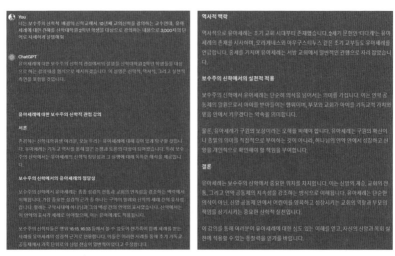

유아세례에 대한 보수주의 신학 관점

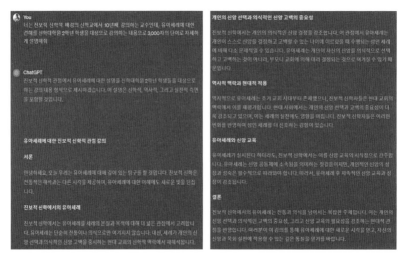

유아세례에 대한 진보주의 신학 관점

나는 챗GPT를 이렇게 사용한다

4) 신속한 결과물

교목으로 섬기면서, 청소년들에게 더 효과적으로 메시지를 전하기 위하여 시각 교재들을 발굴하는 데 많은 노력을 하였다. 청소년들에게 시각 교재를 활용한 PPT로 설교하면 큰 효과를 얻었는데, 적절한 자료를 찾기란 정말 어려웠다. 여러 경로를 통하여 웹툰 스타일의 그림을 그리는 한 청년과 닿아 설교용 그림 작업을 요청하게 되었다. 내가 원고를 발송하면 10일이 지나서 결과물을 받았고, 약간의 수정을 며칠 동안 주고받은 후에 최종 결과물을 얻을 수 있었다. 이 청년이 보내 준 결과물들을 활용하여 PPT 설교를 잘 할 수 있었다. 다음의 그림이 그 당시에 받은 그림 일부이다. 한편의 PPT 설교를 위하여서는, 그 수고에 적절한 비용을 줘야 했고, 수정을 위해서는 상당히 긴 시간이 필요하였다.

이제 나는 챗GPT를 통하여 이 문제를 해결하였다. 이제는 학교에

서나, 청소년들에게 설교하면서 PPT를 준비할 때에 필요한 장면을 챗GPT로 얼마든지 만들 수 있다. 챗GPT에게 지시하면 그 지시 사항을 정확하게 교정하여 준다. 또 교정을 요청할 때 횟수에 제한 없이 계속 수정할 수 있다. 이러한 이유로 챗GPT는 업무의 효율성을 극대화할 수 있다.

5) 지속적인 업데이트

챗GPT를 처음으로 사용하는 분들의 공통적인 특징은, 챗GPT에게 자기의 이름을 넣어서 자료를 확인해 보는 것이다. 나도 역시 챗GPT를 시작하면서 이를 시도해 보았다. 처음에는 3.5버전에서 확인하였고, 이후에 4.0버전으로 다시 한번 확인하였다. 3.5버전과 4.0버전 사이에는 놀라운 차이가 있음을 확인할 수 있었다. 3.5버전에서는 아직 구체적인 정보가 없다고 하며 더 많은 정보를 달라고 오히려 요청하였다.

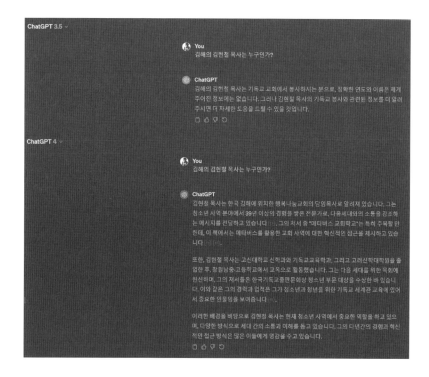

챗GPT 4.0버전에 나의 이름을 검색하니, 놀랍게도 나의 지난날들을 설명하였다. 내가 쓴 책인 『메타버스 교회학교』의 내용을 이야기하고, 나의 학력과 사역에 관한 자세한 이력들을 나열하였다. 내가 챗GPT에게 이러한 정보를 제공하지 않았는데도 챗GPT가 스스로 정보들을 조회하고 검색하며 이를 조합하여서 나를 소개하는 문장을 생성했다.

이처럼 챗GPT는 스스로 학습하면서 지속적으로 업데이트하고 있다. 뛰어난 셰프라고 해도 스스로 새로운 메뉴를 개발하기 위해서는 다양한 노력을 해야 한다. 탁월한 능력을 갖춘 디자이너라고 해도, 새로운 능력을 장착하기 위해서는 다양한 노력과 막대한 수고가 반드시 필요하다. 새로운 기술을 습득하려면 오랜 시간이 필요하다. 하지만 챗GPT는 지속적으로 학습하며, 스스로 업데이트한다. 사용자가 챗GPT에게 학습을 시키는 것이 아니며, 챗GPT는 다양한 학습을 통하여 스스로 더욱 폭넓은 지식을 확장시켜 나간다. 챗GPT가 3.5버전이었을 때에는 최신 정보가 2021년 4월까지였다. 이러한 제약으로 인하여 챗GPT를 통한 정보 획득은 다소 제한이 있었다. 그러나 챗GPT는 더욱 발전하여 이제는 최신 정보도 활용해 정보의 한계를 자체적으로 돌파하면서 업데이트하고 있다.

6) 검색 기록

챗GPT에서 작업한 모든 내용은 txt(텍스트 파일)의 형태로 그대로 보존된다. 워드 작업을 하는 사용자들은 편리하게 재활용할 수 있다. 인터넷의 검색 기능은 에버노트와 같은 보조적인 앱을 활용하면 txt 형태로 보관할 수 있다. 하지만 워드 작업을 해야 할 때에는 에버노트에서 검색해서 찾아야 하는 번거로움이 있다. 하지만 챗GPT에서는 그동안 작업했던 내용이 그대로 저장되어 있다. 그렇기에 이전에 작업하였던 내용을 그대로 이어서 연속 작업을 하는 것이 가능하다.

이 책을 집필하면서 이전의 자료가 필요하였다. 이 작업에서도 손쉽게 필요한 자료를 찾아올 수 있었다. 만일 이전의 자료가 챗GPT 안에 저장되지 않았다면, 새롭게 그림을 제작하여 참고 자료로 사용하였을 것이다. 하지만 챗GPT 안에 이미 저장되어 있기에 번거로운 과정 없이 작업을 할 수 있었다. 챗GPT는 그 어떤 디바이스로 작업을 하든 사용자가 활용한 모든 자료가 그대로 저장이 된다.

챗GPT를 활용한 작업 기록이 제목으로 정리되어 있기에 이전에 작업했던 내용을 확인하려면 제목을 확인하고, 활용할 수 있다. 기록으로 남아 있는 제목이 의미 없다고 생각이 들면 오른쪽에서 볼 수 있듯이, 'Delete chat'을 클릭하여 지울 수 있다. 챗GPT가 자동 작성한 제목을 다른 제목으로 바꾸려면, 'Rename'으로 제목을 다시 만들 수 있다.

이러한 이유로, 챗GPT는 그 어떤 상황에서도 연속적인 작업이 가능하여, 효율성이 극대화된다.

② 단점의 보완

챗GPT가 폭발적 성장을 하면서, 거의 모든 영역에서 탁월한 기량을 발휘하게 되었다. 챗GPT를 활용하면서 다양한 작업에서 시간과 에너지를 절약하며 많은 도움을 얻을 수 있다. 하지만 챗GPT는 다윗이 아히도벨에게 문의를 한 것처럼 전지전능한 존재가 아니고, 단점들이 존재한다. 그렇기에, 챗GPT 사용자는 챗GPT가 가지는 단점을 적절히 대비하고 보완해야 한다.

1) 영성의 결여

2023년 2월 22일에 인간이 출판을 기획하고, 챗GPT가 쓴 최초의 책 『삶의 목적을 찾는 45가지 방법』이 출간되었다. 일반적으로 한 권의 책이 출판되어 나오려면, 기획, 원고 집필, 편

집, 디자인, 인쇄, 출간의 과정에 최소 수개월이 걸린다. 하지만 이 책은 그 모든 과정을 단 7일 안에 끝내고 서점에 나왔다. 정확하게는 이 책의 저자라고 할 수 있는 챗GPT와 번역을 담당한 AI 파파고는, 인쇄하는 데 소요되는 시간을 뺀 48시간만을 사용했다. 그렇게 독자에게 첫 판매가 이뤄지기까지 총 7일이 걸렸다.

이 책이 출간되었을 때 나는 즉시 구입하여 읽었다. 이 책의 내용 중에서 세 번째 이야기인 '정한 인연이라면 최선을 다해서 좋은 인연으로 맺으라'라는 챕터는 이렇게 말한다. "좋은 관계를 구축하고 유지하는 것은 시간, 노력, 그리고, 헌신이 필요하다."[33] 이 명제는 지극히 당연한 것이며, 조금의 생각을 가진 이들이라면 누구나 할 수 있는 문장이다.

이 책을 읽으면서 여러 인터넷 사이트에서 인생에 관한 글들의 좋은 면만 모은 듯한 느낌이 들었다. 마치 이전의 싸이월드를 할 때 감성에 젖은 사람들이 멋지게 보이기 위하여 적어 놓은 글들의 느낌이었다.

챗GPT에게 교회에서 사용할 역할극을 요청을 하자 몇 마디의 대사만 생성할 뿐이었다. 교회에서 상연하는 어지간한 연극에서도 기승전결을 만들어 가지만, 챗GPT 4.0에서 만든 대본은 대본의 기본적인 수준까지는 다소 거리가 있다. 아직까지 챗GPT는 여러 영역에서는 심층적인 이해가 다소 부족하다. 그러므로 챗GPT를 사용할 때는, 사용자가 이러한 점을 충분히 고려하여, 활용해야 한다.

---

33 챗GPT, 『삶의 목적을 찾는 45가지 방법』(스노우폭스북스, 2023), 40.

2) 환각 현상

챗GPT가 생성하는 답변은 사전에 학습한 데이터에 기반하여 확률적으로 예측하는 것이다. 챗GPT가 문장을 생성하면서, 하나의 단어 다음에 나오는 단어를 확률에 근거하여 문장을 작성하기에, 때로는 사실과 다른 결과물을 출력하는데, 이를 환각 현상(Hallucination)이라고 한다. 이는 인공 지능을 사용할 때 이따금 나타나는 현상이다.[34]

미국 메이저리그에서 "당신이 태어난 해에 월드시리즈 우승 팀은 어디인가요?"라는 질문을 보고, 챗GPT에게 질문을 던지니 순식간에 답변을 다음과 같이 답변하였다. 이 자료를 구글링하여 확인하니, 정확한 정보임을 확인하게 되었다.

1964년 월드시리즈 결과

1984년 한국시리즈 결과

이에 착상하여, 한국프로야구에서 가장 인상적이었던, 1984년의

---

34 한민철, 『챗GPT 교사 마스터 플랜』(책바세, 2023), 39.

한국시리즈 우승 팀과 각 경기의 전적에 대하여 대답을 요청하였다. 챗GPT는 이 질문에 대한 결과물을 만들어 주었는데, 내용은 터무니없는 답변이었다. 1984년에는 삼성과 롯데가 격돌했는데, 1996년에 창단한 현대 유니콘스와 LG트윈스 간의 경기라고 하며, 1993년도에 해태에 유격수로 데뷔한 이종범을 현대 유니콘스의 선발 투수로 소개한다. 이러한 잘못된 결과를 지적해 다른 결과를 얻었지만, 역시 잘못된 결과물을 내주었다. 챗GPT가 아직은 영어 자료를 질의할 때에 훨씬 좋은 결과를 만들어 낸다는 점도 염두에 두어야 한다.

이러한 이유로 챗GPT의 결과물에 대해서는 항상 검토가 필요하다. 챗GPT가 처음 소개되었을 때, '세종대왕의 맥북 던짐 사건', '허씨 초콜릿의 역사'와 같은 너무도 터무니없는 정보를 제공하던 것에 비하면, 많은 부분에서 변화와 발전이 있다.[35] 하지만 여전히 사실이 아닌 정보를 생성하는 일은 아직도 일어나고 있다. 그러므로 사용자는 이 점을 항상 유의하여 사용해야 한다.

3) 거짓 정보의 주입

신경과학자인 게리 마커스는 인공 지능이 가져올 위험성에 대하여 5가지의 경고를 하였다.[36]

---

35 김재인, 『AI 빅뱅』(동아시아, 2023), 154.
36 박태웅, 『박태웅의 AI 강의』(한빛비즈, 2023), 131.

1) 극단주의자들이 어마어마한 허위 정보를 생성해 민주주의를 무너뜨린다

2) 환각은 잘못된 의료 정보를 제공할 것이다

3) 사실과 관계없는 광고들이 활개를 칠 것이다

4) 챗봇이 터무니 없는 해법을 제시할 것이다

5) 남용으로 인하여 웹 포럼과 피어 리뷰 사이트가 붕괴될 것이다

이러한 예견처럼, 인공 지능이 발달하면서 다양한 부작용들이 속출하기 시작했다. "펜타곤이 폭격을 당했다"라는 가짜 뉴스[37]가 조작된 동영상을 탑재하며 퍼지면서 수많은 이에게 충격을 안겨다 주었고, "트럼프가 체포되었다"라는 가짜 뉴스가 조작된 이미지와 함께 뉴스처럼 퍼져 엄청난 혼란을 초래했다.[38] 심지어는 챗봇에게 상담을 하던 인간에게, 그 어떤 의사보다 친밀감있게 대화를 하다가, 마지막 문제 해결 방법으로 "자살을 추천한다"라고 하여 큰 충격을 가져다 주기도 했다. 프랑스 기업 나블라(Nabla)가 테스트한 인공 지능 챗봇이 자살 충동을 느끼는 환자에게 자살을 권유했다고 27일 영국의 전문지 AI NEWS가 보도했다.[39]

---

37 "표적이 된 국방부...AI에 습격당한 美", YTN 뉴스, https://www.ytn.co.kr/_ln/0134_20230525002 8377941, 2023.05.25.

38 이주영, "'트럼프 체포됐나?'...AI로 생성한 가짜 이미지 확산", AI타임스, https://www.aitimes.com/ news/articleView.html?idxno=150084, 2023.03.22.

39 장준하, "'그래 죽어버려' 인공지능 GPT3가 '악플'을 달았다", AI타임스, https://www.aitimes.com/ news/articleView.html?idxno=133253, 2020.10.29.

트럼프 체포 가짜 뉴스   펜타곤 폭발 가짜 뉴스

불의한 세력들이, 여론을 조작하여 자기들의 목적을 이루었던 사례들은 국내외 역사에서도 자주 나타났었다. 백제 무왕의 '서동요' 사건이나, 조광조를 제거할 목적으로 만든 '주초위왕' 사건을 비롯하여 흔히 일어나는 사건들이었다. 선거철이 되면 근거 없는 흑색선전이 난무하기도 한다. 인공 지능이 발달할수록 왜곡된 정보를 마치 사실처럼 퍼트리는 일들이 더욱 극렬하게 일어날 것이다. 이러한 현상들은 앞으로 더욱 강하게 확산될 것이다. 그러므로 정보들을 분별할 수 있는 능력, 디지털 리터러시의 능력은 더욱 중요해질 것이다.

4) 한글 생성의 어려움

챗GPT는 영어 우선의 시스템이다. 한글도 운영이 가능하지만, 한글로 결과물을 요청할 때는 제대로 된 결과물이 나오지 않는다. 2023년 안양 수능생을 위한 집회에서 제목인 'Infinite Power'를 캘리그래피로 요청하였을 때는 정확한 결과물을 제시하여, 이 결과물을 활용하여 잘 사용하였다.

| Infinite Power 영어 캘리그래피 | 빌 4:13 한글 캘리그래피 |

하지만 한글로 캘리그래피를 요청하니, 결과물을 해독할 수 없는 문자로 내놓았다.

중고등부 학생들이 좋아하는 초성 퀴즈를 위하여 질문을 챗GPT에게 요청하니 답변이 나왔다. 그런데 출력물을 확인하면서 깜짝 놀랐다. 사도행전과 로마서는 정확하게 질문을 생성
하였는데, 마태복음, 마가복음, 누가복음, 요한복음은 터무니 없는 답변을 만들어 주었기 때문이다.

챗GPT가 아직은 한글에 취약하며, 한국의 문화에 대해서는 제대로 학습되진 못한 부분이 많기에 이러한 면을 충분히 감안하여 활용해야 한다. 특히 한국에서 많이 알려진 독특한 문화들 같은 경우에는, 사용자가 철저히 감수해야 한다.

5) 온라인의 한계

챗GPT는 오픈AI라는 회사에서 온라인으로 운영하는 인공 지능
이다. 챗GPT는 전적으로 온라인에서만 연결되는 태생적인 한계를 지
니고 있다. 이는 챗GPT는 온라인이 적절하게 연결되어 있어야만 작동
한다는 것이다. 온라인이 다양한 이유로 인하여 차단되면, 챗GPT를
전혀 활용하기 어렵다. 이 책을 집필하는 동안에 챗GPT는 두 차례의
업데이트를 진행하였다.

챗GPT를 업데이트하
는 그 시간에는 챗GPT를
사용할 수 없었다. 또한 챗
GPT를 사용하는 사용자
들이 급증하면 트래픽이 생
겨서 작동이 안 되는 상황이 발생하기도 한다. 챗GPT에 모든 것을
전적으로 의지하여, 업무가 진행할 수 없다면 심각한 상황이 된다. 그
러므로 이러한 상황에서도 업무가 멈추지 않도록 대비를 철저히 해야
한다.

6) 챗GPT 과다 의존

사용자가 챗GPT를 활용할수록 챗GPT가 보여 주는 탁월한 성능에 감탄하게 된다. 이러한 상황이 반복되면, 사용자의 지적 활동이 점차 게을러진다.

1960년대에 캐나다의 교수인 마셜 매클루언은 텔레비전의 등장이 우리가 세상을 바라보는 방식을 크게 바꾸어 놓았다고 강조한다.[40] 텔레비전이 등장하면서 사람들은 수동적으로 정보를 수집하는데 적응하였다. 책을 읽을 때에는 독자가 적극적으로 의지를 가지고 정보를 잡아야 한다. 하지만 텔레비전은 시청자가 아무런 노력을 하지 않아도, 텔레비전에서 모든 것을 가공하여 보내어 준다. 이러한 현상은 소셜미디어와 OTT가 발달하면서, 더욱 심해졌다. 스크린이나 모니터를 통하여 정보를 수집하는 것은 책을 읽는 것과는 달리, 신중하게 읽지 않고, 지식이 쉽게 휘발된다.

이러한 패턴이 반복되면 책을 읽는 것과 점점 멀어지게 되고, 독해력에 문제가 생기고, 기억에도 심각한 영향을 받게 된다. 화면을 통하여 정보를 얻는 경우와 종이로 된 책을 읽으면서 새로운 지식을 얻는 경우는 차이가 난다. 화면으로 글을 읽으면 텍스트에 집중하지 않고, 대충 훑어보면서 다른 정보들로 관심을 돌리게 된다. 그로 인하여 문장을 읽고 사고하는 능력인 문해력이 급속히 떨어지게 된다. 이런 현

---

40 요한 하리, 『도둑맞은 집중력』(어크로스, 2023), 8.
41 요한 하리, 『도둑맞은 집중력』(어크로스, 2023), 124-128.

상은 하버드 대학에서도 문제가 되어, 학생들이 짧은 책조차 힘들어하기에, 책 대신에 팟캐스트나 유튜브 영상을 알려 주는 경향들이 많아지고 있다고 한다.[41]

이런 상황에서 챗GPT 사용자들은, 챗GPT에 지나치게 의존하기보다는 도우미로 이해하고 사용해야 함을 항상 기억해야 한다.

파트 요약

챗GPT는 놀라운 기능을 가지고, 탁월한 작업의 결과물을 생성하지만, 완벽한 존재는 아니다. 챗GPT에도 결함이 있고, 약점이 존재한다. 챗GPT의 사용자는 챗GPT가 가진 탁월하고 다양한 장점을 극대화하는 것이 중요하다. 이를 위해서는 다양하고 지속적으로 사용하면서 챗GPT의 특성을 잘 이해하고 이를 적절하게 활용하는 것이 필요하다.

PART
7

챗GPT
시대에 필요한
능력

전체 개요

수렵 시대에 최고의 능력은 순발력과 뛰어난 사냥 실력이었다. 농경 시대에서는 신체적인 힘이 강하고 지속적으로 노동하는 것이 능력의 상징이었다. 산업화 시대에는 성실하고 꾸준하게 하는 능력이 각광을 받았다. 인공 지능 시대에는 인공 지능을 잘 활용하는 능력이 요청된다. 목회자와 사역자들이 지도하는 다음세대가 살아갈 시대는 인공 지능과 함께 살아가야 한다. 그러한 이유로 자신과 지도하는 다음세대들이 챗GPT를 비롯한 인공 지능을 효과적으로 운영하는 능력을 집중 개발하는 것이 새로운 시대에 요청되는 사명이다.

1) 질문력

"사과는 왜 땅으로 떨어질까?"

이 질문이 뉴턴의 만유인력의 법칙으로 이어진 것처럼, 세상의 발전은 질문을 통해 이루어졌다. 과학의 발전과 사회문화적 혁명의 시작 지점에는 하나의 질문이 있었다.[42] 이처럼 질문은 새로운 사고의 전환으로 가는 기회가 된다. 이를 위해서는 좋은 질문이 있어야 한다. 챗GPT의 능력을 극대화시키는 최고의 방법은 좋은 질문이어야 한다.

다음에서 '성경이 왜 좋은가'라는 질문은 너무 모호하고 추상적인 질문이다. 이러한 질문에 챗GPT는 피상적인 답변을 제출한다. 그러나 챗GPT의 캐릭터를 선정해 주고, 성경의 위로가 필요한 인물을 구체

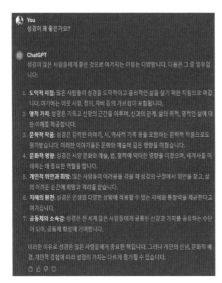

모호한 질문, 피상적 답변

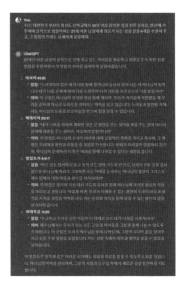

치밀한 질문, 구체적인 답변

---

42 장대은, 『챗GPT와 BARD 질문법』(문예춘추사, 2023), 26.

적으로 정하고, 그에 필요한 질문을 요청하면, 챗GPT는 모호한 질문보다는 훨씬 구체적이고 실제적인 답변을 제시한다.

좋은 질문을 하는 가장 좋은 방법은 '증거 기반 질문'인데 이는 확실한 근거와 데이터를 가지고 질문을 하는 것이며, 챗GPT를 효과적으로 활용하려면 '확장 연계 질문'을 사용해야 한다. 이는 단순한 단답형 질문이 아니라, 기존지식을 활용하여 확장하는 것이다.[43] 장주연 작가는 질문을 키우기 위해서, 다음의 요소들을 제안한다. 호기심을 가질 것, 적극적으로 참여할 것, 다양한 소스를 통하여 배울 것, 항상 "왜"라고 물어볼 것, 비판적 사고를 가질 것, 다른 이들과 대화할 것, 꾸준히 연습할 것.[44]

질문의 힘은 갑자기 생기는 것이 아니라 지속적 노력과 훈련으로 이루어지는 것이다. 질문하는 능력이 챗GPT를 가장 효과적으로 활용하게 해 주니, 질문의 힘을 키워야 한다.

2) 창의력

1839년에 세계 최초의 사진 '파리의 템플 큰 길'이 세상에 나오게 되자, 많은 예술가가 엄청난 위기감을 느꼈다. 대부분의 예술가는 이

---

43 장대은, 『챗GPT와 BARD 질문법』(문예춘추사, 2023), 84-94.
44 장주연, 『챗GPT 시대, 질문하는 법』(열린인공지능, 2023), 14.

제 예술이 종말했다며 탄식했다.[45] 그 당시의 미술이라는 것은 대상을 정교하게 표현하는 것을 능력으로 여겼는데, 사진기가 그 어떤 화가의 작품도 따라올 수 없는 선명하고 생생한 결과물을 남겼기 때문이다. 하지만 사진기의 발명이 미술의 몰락을 가져오지는 않았다. 미술계는 사진기와 선명도의 경쟁을 하지 않았다. 미술계에서는 화가의 개인적인 느낌과 인상을 남들과 다르게 표현하는 인상주의가 발흥하기 시작했다. 그림을 그리는 것이 이전에는 사물을 정확하게 묘사하는 것이 최고의 능력으로 여겨졌지만, 사진기의 발명 이후에는 화가의 느낌을 잘 표현하는 것이 능력이 되었다. 이로 인하여 사진기가 표현하지 못하는 독창적인 시도가 미술의 존재를 더욱 부각시키고 미술계는 새로운 발전을 이어 갔다. 이처럼 도구와 문명이 발달하면서, 모든 영역에서 급속한 변화가 일어난다. 하지만 그러한 상황에서 새로운 돌파구를 찾는 개척자들의 창의적인 도전이 새로운 기회들을 열게 되었다.

'공부를 잘한다'의 개념은 시대가 지날수록 달라졌다. 구전의 시대에는 문헌들을 정확하게 암기하는 것이 최고의 능력이었다. 문자가 발명되고 문서의 시대가 되면서 문서를 오타 없이 옮기는 것이 능력으로 여겨지던 시기가 있었다. 많은 저서를 보유하는 것이 지식을 가진 것으로 여겨졌던 시기가 있었다. 주어진 질문에 정확한 답을 제시하는 것이 오랫동안 능력의 기준으로 인정받았다.

챗GPT 시대에는 많은 지식을 보유하는 것보다 창의적인 아이디

---

45 김덕진, 『AI 2024 트렌드&활용백과』(스마트북스, 2023), 16.

어를 가지고 이를 구현하는 것이 능력이 중요하다. 수많은 책을 보유하고 있어도, 시간이 부족한 지금 이 시대에서는 차분하게 책을 읽는 시간이 부족한 상황이다. 기계를 이길 수 있는 유일한 대안은 인간의 초능력적인 호기심이다.[46]

챗GPT가 뛰어난 능력을 가졌지만 자의적으로 판단하고 결정하는 존재는 아니다. 챗GPT는 사용자가 제시하는 한도 안에서만 능력을 발휘한다. 그러므로 챗GPT의 사용자가 창의적인 질문을 하지 않으면, 챗GPT는 여러 문서 가운데 비슷한 내용들만 편집하여 결과물을 보여 준다. 사용자가 챗GPT에게 창의적인 질문을 하면, 그에 걸맞는 내용을 생성하여 출력하기에 결과값은 완전히 달라질 수 있다. 그러므로 챗GPT를 효율적으로 사용하려면 사용자의 창의성이 담긴 좋은 질문이 절대적으로 필요하다.

3) 상상력

영화감독이 영화를 만들 때에는, 자신이 표현할 화면들을 먼저 구상한다. 이것을 대본과 스크립트를 통하여 표현하고, 이를 촬영한다. 영화 기생충의 대본[47]과 스토리보드[48]를 보면 감독이 표현하고 싶은

---

46 전상훈, 최서연, 『챗GPT, 질문이 돈이 되는 세상』(미디어숲, 2023), 1.

47 봉준호 외 3인, 『기생충 각본집』(플레인아카이브. 2019), 11.

48 봉준호 외 3인, 『기생충 각본집』(플레인아카이브. 2019), 12-13.

대사가 소개되고, 이를 그림 형태의 스토리보드로 작성하고, 이를 바탕으로 배우와 촬영 스태프들이 감독의 의도를 화면에 구현한다.

영화 〈기생충〉 대본

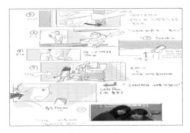

영화 〈기생충〉 스토리보드

영화 〈기생충〉 장면

어린이 설교를 할 때, 소년 다니엘이 살았던 예루살렘의 평소의 모습을 묘사하고 싶었다. 이런 내용을 담은 그림을 찾으려고 하였지만 좀처럼 찾을 수가 없었다. 나는 예루살렘에서 종려나무 가지를 들고 즐거운 축제를 누리는 장면을 상상하고, 챗GPT에 내가 원하는 그림의 이미지를 설명하고 도출하였다. 처음에 출력한 이미지는 밋밋하여 몇 번의 수정 작업을 통해 원하는 결과물을 얻게 되었다.

나는 챗GPT를 이렇게 사용한다

예루살렘 도시의 축제   바벨론 군대의 공격

역사 교수인 유발 하라리는 인간이 문명을 창조하게 되는 능력을 상상력에서 찾아 이렇게 주장했다.

"단어를 통하여 가상의 실재를 창조하는 능력은 서로 모르는 사람들이 효과적으로 협력하는 것을 가능하는 인지 혁명을 통하여 인간의 문명은 급속히 발전하게 되었다.[49]

챗GPT를 활용하여 이미지 작업을 할 때에는, 상상력의 중요성이 더욱 부각된다. 그러므로 챗GPT의 능력을 극대화하려면 사용자의 상상력을 높여야 한다.

4) 디테일

2023년 어린이다니엘기도회에서 나의 제자가 살아온 스토리를 예화로 사용하면서 다음과 같이 작업을 진행하였다. 제자는 마산에서

---

49   유발 하라리, 『사피엔스』, (김영사, 2019), 60.

어린 시절을 보내면서 혹독한 날들을 보내었다. 어린 시절부터 새벽에 신문을 배달하면서 시간을 보내야 했다. 제자가 그 당시의 상황을 설명한 내용을 바탕으로 챗GPT에 상세하게 프롬프트를 만들어 그림을 제작하라고 지시했다. 나는 챗GPT에게 '디자인계에서 10년을 근무한 전문 디자이너'로 캐릭터를 부여하였다. 나는 원하는 이미지가 무엇인지 자세하게 설명하였다. 먼저, '캄캄한 새벽의 1970년대 한국의 소도시 마산의 골목'을 배경으로 지정하였다. 그리고 '초등학교 4학년이 빵모자를 쓰고, 많은 신문지들을 팔에 끼고 신문을 배달하는 모습'으로 상정하고 챗GPT에 요청하였다.

제자의 초등학생 시절 새벽 신문 배달   제자의 중학생 시절 선생님께 받은 오해

또한 제자가 중학교 당시에 시험시간에 선생님으로부터 오해를 받은 사건을 챗GPT에 요청하였다. 내가 챗GPT에게 지시한 만큼의 정보를 바탕으로 챗GPT는 그림을 생성해 주었다. 내가 디테일하게 설명한 만큼 챗GPT는 의도에 맞는 그림을 생성해 주었다. 그러므로 챗GPT를 효과적으로 사용하려면 디테일한 설명 능력을 계속 키우는 것이 필요하다.

보통 우리는 직장에서 업무 지시가 상부로부터 떨어지면 득별히 구체적인 작업 지시를 받지 않았어도 다양한 내용들을 조사하고, 정리하여 보고한다. 하지만 챗GPT는 사용자가 생각하는 개념을 미리 추정해서 작동하지 않는다. 챗GPT는 사용자가 요청하는 질문에만 답을 하는 방식이므로 철저히 사용자가 입력하는 질문에만 반응하게 된다. 그러므로 챗GPT를 제대로 활용하기 위해서는, 내가 가진 아이디어를 챗GPT에 제대로 전달해야 한다. 그러려면, 챗GPT의 사용자가 자신의 생각을 자세하게 설명하는 과정이 절대적으로 필요하다.

5) 지구력

주일 오전 설교를 준비하면서, 이스라엘 백성들이 출애굽 이후에 여러 차례 "애굽으로 돌아가자"라고 여러 번 주장했다는 사실이 눈에 띄었다. 이 인사이트를 발전시켜, 이스라엘이 이러한 하나님의 뜻에 거역한 과정을 정리하고 싶었다. 이를 인터넷으로 검색하는 데 많은 시간을 투자하였지만, 총체적으로 정리한 내용을 찾기 어려웠다. 하나님과 모세를 거역하는 장면을 단편적으로 설명할 뿐이었다. 이를 챗GPT에게 질문을 하니 순식간에 정보들을 정리하여 제출해 주었다.

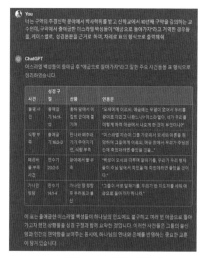

출애굽 이후 거역 사건 1차 결과물   출애굽 이후 거역 사건 4차 결과물

챗GPT가 첫 번째로 출력해 준 결과물은 광야에서 백성이 하나님
을 거역한 사건 전부가 아니라 일부만 정리한 것이었다. 나는 챗GPT
에게 다른 내용도 찾아서 알려 달라고 몇 번을 다시 요청하였지만,
충분한 답변을 받지 못했다. 그래서 나는 챗GPT에게 지속적으로 질
의하였다. 그리하여 4번의 요청 끝에 챗GPT로부터 만족할 만한 내용
의 결과물을 받게 되었다.

챗GPT가 사용자의 요청에 한 번만에 사용자가 원하는 답을 줄
수도 있다. 하지만 챗GPT가 사용자의 의도를 명확히 파악하지 못하
면, 단편적인 답변을 주는 것에 그칠 수 있다. 이런 경우에는 사용자
가 지속적으로 프롬프트의 단어들을 사용자의 의도를 잘 표현하도록
거듭해서 요청해야 한다. 반복적으로 요청할 때 챗GPT는 보다 정확
한 답변을 제공하게 된다.

나는 챗GPT를 이렇게 사용한다

마치 소크라테스의 산파술처럼 지속적인 요청을 하면서, 사용자는 자기가 원하는 해답을 얻게 된다. 챗GPT를 활용할 때는 이처럼 한 번의 작업으로 끝나지 않고, 원하는 답변을 얻을 때까지 지속적으로 답안을 집요하게 요구하는 지구력이 필요하다.

6) 인문학적 지식과 문해력

유치원을 다니는 아이들과 문학상을 받은 작가의 표현법은 차이가 날 수밖에 없다. 그 차이는 어휘력의 차이이다. 철학자 비트겐슈타인은 '언어의 한계가 그 인생의 한계'라고 정의하였다. 그러므로 다양한 어휘와 인문학적인 지식을 많이 보유하는 것이 챗GPT를 효율적으로 활용하는 기본 자산이다.

이 책의 프롬프트의 예제를 작성하면서 더욱 효과적인 단어의 필요성을 절감하였다. 첫 원고를 작성하고, 교정을 위하여 살펴보면서 특정한 단어와 문장이 지속적으로 반복되는 것을 발견하며 어휘력의 필요성을 심각하게 체험하였다.

인문학적 사색을 통해 사람은 자신의 인간성을 발견하고 다양한 문제에 대한 비판적 사고를 통해 새로운 지식을 창출한다.[50] 이러한 인문학적인 지식을 근거로 챗GPT를 효율적으로 활용할 수 있다.

---

50 전상훈, 최서연, 『챗GPT, 질문이 돈이 되는 세상』(미디어숲, 2023), 163.

미국인의 스마트폰 평균 스크린 타임은 3시간 15분이며, 24시간 동안 2,617번을 만진다[51]는 사실을 『도둑맞은 집중력』이 밝히고 있다. 이 통계에 의하면 33초에 한 번씩 스마트폰을 만진다는 것이다. 2007년 아이폰의 탄생 이후에 다양한 앱, SNS가 등장하였고, 새로운 영상 소비 시스템인 OTT, 숏폼의 급속한 성장으로 인해 현대인들은 집중력을 잃어 가고 있다. 이러한 현상을 '주의 강탈 현상'이라고 하는데, 이는 더욱 강화되고 있다.[52] 그 결과 인간 스스로 생각하는 힘이 약화되고, 수동적으로 자극적인 영상을 소비하는 것으로 점차 전락하고 있다. 이러한 시대의 흐름에 잠식되면, 자기의 생각이 사라지고, 자기 표현력도 희미해진다.

자기 생각을 스스로 규정하고, 이를 표현하는 문해력은 챗GPT의 활용에 결정적 역할을 한다. 같은 아이디어라도 챗GPT에게 어떻게 질의하는가에 따라서 챗GPT는 완전히 다른 결과를 제공하기 때문이다. 이러한 이유로 인문학적 지식과 문해력을 증진시키는 노력의 중요성은 더욱 커지고 있다. 챗GPT가 발달하고, 인공 지능이 더욱 확산되는 시대에 인공 지능을 효율적으로 통제하는 능력은 인공 지능과 차별되는 인문학적 지식에서 온다.

최고의 인문학적 지식과 문해력의 보고를 많은 전문가가 고전에 둔다. 고전의 가치를 강조하면서, 놀라운 경쟁력을 확보하고 엄청난 성과를 거둔 이야기는 다양하다. 속도와 순발력을 강조하는 인공 지능

---

51   요한 하리, 『도둑맞은 집중력』(어크로스, 2023), 35.
52   서울대학교 국가미래전략원, 『미래 관찰자의 살아 있는 아이디어』(포르체, 2023), 20.

의 시대에 인문학적 지식의 보고인 고전의 가치는 더욱 중요해진다.

고전 중의 고전은 결국 성경이다. 성경 속에는 인간 존재에 관한 모든 지식이 이미 들어 있고, 모든 문학의 장르가 담겨 있기 때문이다. 챗GPT로 대표되는 인공 지능의 급속한 발달에 맞추어, 오히려 더욱 집중해야 할 것은 성경을 통하여 인문학적 지식과 문해력을 더욱 강화하는 것이다.

파트 요약

챗GPT를 제대로 활용하기 위해서는 챗GPT를 효과적으로 가동하게 하는 적절한 지시를 해야 하는데, 이를 위한 능력들을 지속적으로 훈련 시켜야 한다. 이를 위하여 1) 질문력, 2) 창의력, 3) 상상력, 4) 디테일, 5) 지구력, 6) 인문학적 지식과 문해력을 지속적으로 증강시켜야 한다.

챗GPT
십계명

전체 개요

챗GPT를 효과적으로 사용할 수 있는 구체적인 지침들을 이해하면, 실수를 최대한 줄이고 효과적으로 챗GPT를 활용할 수 있다. 챗GPT를 실제적으로 잘 사용하는 10가지의 방안을 제시한다.

1) 팩트 체크

챗GPT를 통하여 얻는 결과물은 빠르고 놀랍지만, 절대적이지는 않다. 챗GPT로 작업을 하며 다양한 결과물을 얻다 보면, 계속 신뢰가 쌓이게 된다. 그 신뢰가 쌓이면 전폭적으로 의지하게 된다. 하지만 사용자는 챗GPT가 출력하는 내용을 액면 그대로 받아들여서는 안 되며, 챗GPT가 제시하는 내용을 항상 팩트 체크해야 한다.

챗GPT는 '만능' 이지 '전능'이 아님을 늘 염두에 두어라

챗GPT는 다양한 기능을 발휘할 수 있으며 거의 만능적이지만, '전지전능'한 존재가 아니다. 챗GPT는 자신이 학습한 내용 안에서의 정보를 다룬다. 그러므로 챗GPT를 절대적으로 신뢰하고 무작정 출력된 정보를 활용하기 전 꼭 확인 및 점검하는 과정을 거쳐야 한다.

출처를 밝히도록 요구하라

챗GPT가 제시하는 답변에 대하여 수긍하지 말고, 출처를 밝히는 것이 필요하다. 챗GPT가 제시하는 답변이 어느 책에서 나왔는지, 어느 유튜브 링크에서 나온 것인지를 다시 확인하는 것이 반드시 필요하다.

다른 검색 기능을 확인하라

챗GPT를 통하여 답변을 받지만, 사실을 확인하기 위하여서는 다른 검색 기능을 활용하여 확인해 보는 것이 필요하다. 인터넷 검색 사이트도 보유한 사전 정보를 근거로 검색을 하기에 각기 다른 인터넷 사이트를 활용하여 검색을 하는 것이 더욱 효과적이다.

사실 여부를 바로 확인하라

감사절을 맞아서 감사에 관한 예화를 챗GPT에게 요청하였다. 챗GPT는 순식간에 감사에 관한 예화를 보여 주었다. 스콧이라는 청년이 심장에 문제가 생겨 죽음의 직전까지 가는 위기를 만나게 되었다. 그는 기적적으로 심장 이식을 받게 되었고, 심장을 이식해 준 유가족에게 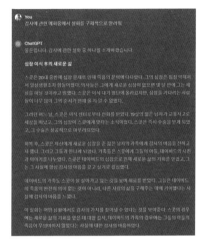 감사를 표현했다. 이에 유가족이 스콧의 감사에 위로를 얻었다는 스토리였다. 이 스토리를 통해 감사의 능력을 발견할 수 있었다고 챗GPT는 설명하였다.

이 예화를 읽고, 다시 살펴보니 왠지 실화라고 느껴지지 않아서 이것이 실화냐고 질문하였다. 그 질문에 챗GPT는 사실이 아님을 밝혔다. 실제로 심장 이식 환자들에게서 이 사례가 자주 발생하는 것을 기초로, 감사의 의미를 설명하려고 만든 가상의 이야기라고 자인했다.

구체적이고 실제적 사건을 전제로 요구하라

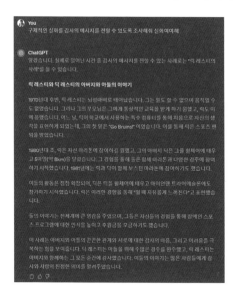

챗GPT는 사용자가 지시하는 명령에 철저히 따른다. 챗GPT에게 구체적인 실화를 요청하는데 한 번의 설명이 아니라, 실화여야 한다고 반복적으로 강조를 하는 것이 효과적이다. 이렇게 이중적인 장치를 하여 챗GPT에게 지시할 때에 보다 효과적인 결과물을 얻을 수 있다.

더블 체크하라

욥기에 대한 설교를 하면서 42장 11절의 '케쉬타'에 대하여 의문이 생겼다. 그 의문을 챗GPT에게 질문하여 답변을 받았다. 그런데 앞뒤 구절과 상치되어서 챗GPT를 구약학의 권위자로 캐릭터를 부여하고 질문을 했다. 그런데 전혀 다른 답변이 나왔다. 그러므로 챗GPT가 제시하는 첫 번째 답변을 무턱대고 사용하지 않고, 항상 더블 체크를 하는 과정이 필요하다.

나는 챗G.P.T를 이렇게 사용한다

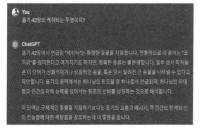
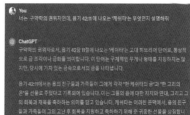

아날로그 방식으로 점검하라

챗GPT를 활용하다 보면 그 편리성에 금세 익숙해진다. 챗GPT의 모든 기록은 텍스트로 남기 때문에 2차 자료로 작성하기가 편리하다. 하지만 책을 읽고, 강의를 들으면서 필요한 자료를 확보할 때에는, 이를 문서로 다시 작성하는 것에 불편함을 느낀다. 그러다 보면 챗GPT에 갇히게 된다. 온라인과 디지털 신호로 된 정보에 의존하다 보면 지적인 능력에 문제가 발생한다. 그러므로 책을 통하여 챗GPT에서 제시하는 정보를 확인하는 것도 필요하다.

사용자가 절대적으로 주도하라

사용자가 챗GPT를 주도한다는 것이 얼마나 중요한가는 아무리 강조해도 지나치지 않는다. 챗GPT의 작동 원리는 하나의 단어 다음에 연상되는 다른 언어를 불러와서 문장을 이루는 방식이다. 그러므로 사실성을 추구하기보다는, 비슷한 단어들의 배열을 조합하여 문장을 완성한다. 그로 인하여 챗GPT는 사실성에 크게 관심을 기울이지 않는다. 그러므로 사용자는 주도적인 위치에서 챗GPT를 다루어야 한다. 챗GPT의 사용자는 이 사실을 항상 명심하면서, 주도적으로 활용하여야만 한다.

2) 챗GPT는 참고용이다

챗GPT를 활용하면서 항상 기억해야 할 것은, 챗GPT로 얻는 자료가 절대적인 기준이 되어서는 안 된다는 것이다. 챗GPT는 모든 문제의 완벽한 해답을 주는 전지전능한 존재가 아니기 때문이다. 인공 지능이 다양한 영역에서 큰 도움을 주지만, 결국 보조적인 역할임을 염두에 두어야 한다. 챗GPT가 작업한 내용들은 언제나 참고용이 되어야 한다.

증권회사에서는 상세하고 구체적인 데이터를 바탕으로, 투자 유망한 기업과 주의할 기업의 자료를 만든다. 이를 근거로 주식을 구입하려는 고객들에게 다양한 정보를 제공한다. 그러나 증권회사에서는 투자자들의 선택에 무한책임을 지지 않는다. 투자에 대한 최종의 책임은, 투자를 결정한 투자자에게 주어진다.

영화 〈호우시절〉은 행복한 해피엔딩을 예상하게 하는 열린 결말로 끝난다. 나는 이 영화의 결말 이후가 궁금하여 이를 챗GPT에게 의뢰했다. 이 영화는 2009년에 개봉된 영화였기에 챗GPT가 이 영화에 관한 정보를 확보하고, 이를 근거하여 영화의 스토리를 이어서 대답해 주기를 기대하며, 엔딩 이후의 스토리를 챗GPT에게 요청하였다

하지만 챗GPT가 생성한 결과물은 기대와는 완전히 달랐다. 영화 〈호우시절〉의 분위기가 전혀 반영되지 않은 결과물이었다. 중국 청도

에서 다시 만난, 한 연인의 이야기가 전혀 반영되지 않았다. 다시금 챗GPT에게 영화 〈호우시절〉의 두 배우를 거명하면서 이를 웹툰의 스타일로 만들어 달라고 요청해도, 그저 로맨스물의 웹툰으로 결과물을 내어 줄 뿐이었다.

이처럼 챗GPT는 세상의 모든 지식을 담고 있는 것은 아니다. 챗GPT는 자신이 사전에 학습한 문서 안에서만 작업할 수 있다. 오히려 특정 분야에 깊은 열정을 가지는 인간에 비하여, 그 부분에서는 미진한 부분들이 있을 수 있다. 또한 챗GPT는 사용자가 원하는 방식대로 만들어 주는 것이 아니다. 챗GPT는 자신이 일하는 방식대로 작업을 할 뿐임을 늘 기억해야 한다.

3) 주도권은 항상 사용자가 가지라

회사의 CEO는 회사의 현재 상황을 근거로 새로운 방향을 모색하고 결정하며, 이를 시행하는 역할을 한다. CEO가 임원에게 프로젝트를 지시하면, 임원은 이를 위한 현황 자료와 실체적 방안을 준비하도록 팀장에게 지시한다. 팀장은 기초 자료를 모으고, 분석, 통계를 근거로 회의 자료를 만든다. 이 작업도 팀장이 직접 하지 않는다. 사원들과 직원들이 만들어 온 자료를 분석 검토하고, 정리하여 보고한다. 이를 근거로 임원과 CEO는 회사의 현 상황을 인지하고, 앞으로의 방향을 결정하고, 이를 진행한다. 그러므로 챗GPT를 사용할 때에는 사용자 자신이 CEO라는 정체성을 분명히 하고 진행하는 것이 필요하다. 마치 신입 사원이 회사에 입사하여, 경력직 사원이 업무를 가르쳐 주는 형식으로 진행하는 것이 필요하다. 사용자가 챗GPT에게 자료를 요청할 때에는 회사의 선임이 후임을 통해 회사에서 요구하는 방식으로 결과물을 도출하려 해야 한다.

목회자와 사역자는 자신이 섬기는 교회와 공동체에서 결정하는 임무를 수행한다. 이를 위해서는 다양한 자료와 정보를 수집해야 한다. 교회에서 설교하거나, 다양한 사역을 결정할 때 수많은 정보를 수집, 정리하는 스태프들이 있다면, 목회자와 사역자들은 사역에 큰 도움을 받을 수 있다.

현실적으로 그러한 여건이 어려우면 챗GPT에게 그 일들을 위탁할 수 있다. 사용자가 챗GPT를 현명하게 사용할 때, 자신이 해야 하는 부수적인 업무의 부담이 줄어들고, 효과적으로 분석하고 판단하면서 사역을 원활하게 할 수 있다.

4) 챗GPT와 논쟁하지 말라

어린이다니엘기도회를 위한 PPT 설교를 준비하면서, 다니엘과 세 친구의 다양한 장면을 확보하여 순조롭게 준비할 수 있었다. 이 작업에 있어서 곤란했던 것은 챗GPT가 다니엘과 3명의 친구의 숫자를 맞추지 못하는 것이었다. 몇 번에 걸쳐서 다니엘과 3명의 친구를 4명으로 바꾸어 달라고 요청하였지만, 챗GPT는 4명의 소년을 만들어 주지 않았다. 심지어는 다니엘의 세 친구를 소년에서 소녀로 바꾸어 만들어 주기도 했다.

다니엘과 세 친구

니카라과에서 사역하시는 김성헌 선교사님이 예수님께서 제자들과 군중들과 함께 계시는 모습을 마치 셀카를 찍는 모습으로 그려 달라고 하자, 예수님께서 스마트폰을 들고 사진을 찍는 모습을 올려 주었다. 이러한 그림이 유머러스하지만, 선교지에서는 괜한 오해를 불러일으킬 수도 있다. 그러한 이유로 선교사님은 챗GPT에게 "제발 스마트폰을 지워 달라"고 요청하셨지만, 계속하여 스마트폰을 지우지 않았다.

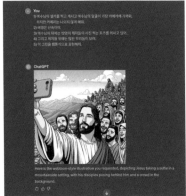

예수님의 셀카 표현

이러한 경우에는 그 채팅창을 나가서, 새롭게 New Chat을 열어서 시작하는 것이 다소 효과적이다. 챗GPT는 알고리즘으로 사용자와 나누는 대화들을 기억하고 있기에 연관된 단어와 문장이 나오면 지난 대화들을 기반으로 하여 대화를 이어 간다. 그러므로 새롭게 New Chat을 열고, 이전에 사용한 용어들과는 다른 어휘로 사용하면 효과적이다.

5) 칭찬은 챗GPT를 춤추게 한다

2023년도 수능 당일, 나는 안양에서 수험생들을 위한 집회를 설교로 섬겼다. 나는 실망할 수험생들에게 다음과 같은 메시지를 전하

나는 챗GPT를 이렇게 사용한다

려고 준비하였다.

"수능 점수가 안 좋게 나와서, 미래가 불투명하게 보여도 결코 좌절하지 말라. 비록 내 앞이 막막한 바다와 같더라도, 하나님께서는 바다를 갈라서라도 역사하신다!"

이를 효과적으로 전하기 위하여 챗GPT를 통하여 이미지를 준비하였다. 먼저 챗GPT에게 요청한 처음 프롬프트는 다음과 같은 것이었다. "후드티를 입고 백팩을 맨 수험생이 검은 먹구름이 그득하고, 거대한 파도가 휘몰아치는 큰 바다를, 백팩의 호주머니에 손을 넣고 바라보는 뒷모습을 웅장하게 그려줘"였다. 이를 통해 나는 다음의 이미지를 얻었다.

챗GPT가 보여 준 이미지는 내가 원하는 이미지를 잘 구현하기는 하였지만, 학생이 바다와는 상당히 떨어진 곳에서 바다를 바라보기에 현장감이 다소 부족하였다. 나는 수험생이 바닷가의 바위에서 폭풍이 이는 파도를 마주하는 이미지를 얻으려고 하였다.

이를 위하여 챗GPT에게 수정을 요청하는 프롬프트를 제시하면서, 챗GPT에게 칭찬을 덧붙였다. "우와, 정말 멋지다. 아주 웅장하고 멋지게 그려 주어 감사하다." 그러고는 내가 다시 수정하고 싶은 내용을 덧붙였다. "그런데 윗 사진의 수험생이 바닷가의 바위에서, 검은 먹구름이 그득하고, 거대한 파도가 휘몰아치는 큰 바다를, 백팩의 호주머니에 손을 넣고 바라보는 뒷모습을 웅장하게 그려 줘." 이러한 프롬프트에 챗GPT는 수정된 이미지를 제시하였다.

칭찬은 고래도 춤추게 한다는 말처럼, 칭찬은 사람들에게 훌륭한 동기 부여가 된다. 이것이 챗GPT에게도 해당이 된다. 챗GPT를 활용하면서 사무적으로만 대하지 아니하고 적절한 칭찬을 하게 되면, 더욱 효과적인 결과물을 얻을 수 있다.

6) 정책 위반을 하지 않도록 주의하라

안양 지역의 수험생들을 위한 집회를 준비하면서, 수능을 치고 난 이후의 밝은 표정의 수험생들과 그 다음 날 자신의 답안지를 채점하고 침통해 하는 수험생들을 비교하여 설명하려고 하였다. 수능을 치고 난 이후에 밝은 표정의 학생들을 챗GPT에 그려 달라고 요청하자 즉각 이미지를 만들어 주었다. 하지만 우울해하는 학생들의 모습을 보여 달라고 하자, 이는 정책 위반에 해당된다고 하면서 경고를 보내 왔다.

챗GPT에게 무엇이 정책 위반에 걸리는가를 질문하니, 청소년들에게 부정적인 주제가 될 수 있는 것은 정책에 위반된다고 답변하였다. 또한 비윤리적인 내용을 지시하거나 요구할 때 정책에 위반이 되어 문제가 될 수 있다고 알려 주었다. 이러한 답변에 나는 부정적인 주제

수능을 마치고 즐거워하는 수험생	수능 다음 날 채점하고 절망하는 수험생

를 증폭시키려는 것이 아니라, 청소년들에게 그러한 절망적인 상황에서 소망을 잊지 말라고 강의를 할 것이라고 그 취지를 설명하여 이미지를 얻을 수 있었다.

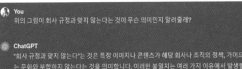

챗GPT 정책 위반 경우

7) 챗GPT에게 도움을 요청하라

행복나눔교회에서 직분자 투표를 앞두고, 직분자 세미나를 먼저
진행하게 되었다. 각 직분에 대하여 강의를 준비하면서, 챗GPT에게
장로님, 권사님의 이미지를 요청하자 아래의 이미지들을 만들어 주
었다.

그런데 이 화면의 바탕이 검은색 바탕이어서, 조금 탁한 느낌이 들
었다. PPT 작업을 하려면 챗GPT의 바탕을 흰색으로 변경하여야 더욱
선명하게 이미지를 보여 줄 수 있겠다는 생각이 들었다. 챗GPT의 화면
설정을 흰 바탕으로 변경하고, 다시 작업을 하여 다음의 결과를 얻었다.

자칫 직분자 세미나는 딱딱하게 느껴질 수 있는데, 게다가 식사를
마치고, 나른한 오후 예배 시간에 강의를 하게 되어 다소 부담이 되었
다. 그런데 장로님, 권사님, 집사님들을 챗GPT를 통하여 생성된 이미
지들을 PPT로 만들어 준비하여 굉장한 호응을 얻었다. 각 직분에 맞
는 역할들을 챗GPT로 만든 사진을 보며 즐거워하면서 함께 강의를

잘 따라와 주셨다.

이렇게 화면의 바탕화면을 전환하는 것은 쉽지 않았다. 다양한 동영상을 찾아보고, 검색을 하여도 해답을 좀처럼 찾을 수 없었다. 결국 이 문제를 챗GPT에게 질문하자, 챗GPT는 금세 해법을 제시해 주었다. 이 해법에 따라서 설정하니, 문제가 해결되었다.

챗GPT에 관계된 상황이라도, 챗GPT에게 질의하면 적절한 답변을 얻을 수 있다. 문제의 해답을 내가 일일이 찾는 것이 아니라, 챗GPT가 그 일을 하게 하고, 결과를 얻게 하는 것이 문제 해결에 큰 도

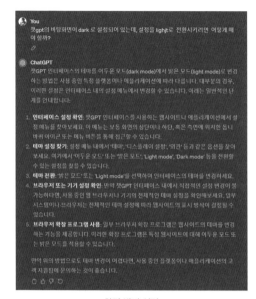

화면 밝기 설정   스마트폰 밝기 설정

PC 버전 챗GPT 밝기 설정 ①   PC 버전 챗GPT 밝기 설정 ②

움을 얻는 요령이 되었다. 챗GPT의 이러한 특징을 잘 알고 적합하게 활용하면 업무에 큰 도움을 얻을 수 있다.

8) 균형적 시각을 지향하라

사람들은 누구나 자기만의 방향성을 갖는다. 자신이 반복적으로

나는 챗GPT를 이렇게 사용한다

살아오면서 형성된 기준의 영향을 받기 때문이다. 개인의 가치관, 정치적 성향, 신학적 견해에도 그동안 자신이 몸담아 왔던 입장 안에 갇히게 된다. 자신이 지속적으로 경험한 세계관 안에 갇히면 확증편향이 발생하여, 자신이 가진 견해를 더욱 공고히 하게 된다. 그로 인하여 자기와는 다른 입장에 대해서는 이해를 하지 못하고, 심지어 적대적인 성향을 드러내기도 한다. 대한민국에서 결혼 연령이 점차 늦어지는 이유에 대하여, 챗GPT에게 웨딩플래너의 입장에서 분석한 여성과 남성의 입장 차이를 다르게 요청하니, 챗GPT는 각자의 관점에서 이 문제를 진단하여 의견을 제시했다.

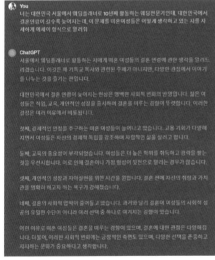

결혼에 관한 미혼 여성의 견해

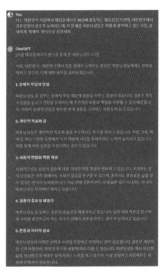

결혼에 관한 미혼 남성의 견해

챗GPT는 알고리즘에 의해 작동되기에, 사용자가 반복적으로 진행하는 방향으로 계속 학습이 되어, 관점이 중첩된다. 챗GPT는 가치

중립적이지만, 지속적인 학습에 의하여 한 관점으로 방향이 점차 고정될 수 있다. 그러므로 사용자는 자기 자신이 한 방향에 사로잡히지 않도록 가급적 한 사안에 대하여 각기 다른 입장을 챗GPT에게 요청하는 것이 필요하다.

이는 설교나 강의를 할 때에도 적용된다. 목회자 개인의 입장을 설교나 강의 시간에 지속적으로 강요하면, 그와 뜻이 다른 분들을 놓쳐버릴 수 있기 때문이다. 관점의 균형을 얻기 위하여 자기와 반대 성향의 책들과 강의를 읽고 듣는 것은 쉬운 일이 아니다. 하지만 챗GPT에게 다양한 견해를 요청하면, 적절하게 자료를 제공하여 준다. 사용자가 다양한 입장에서 챗GPT에게 질문하면, 챗GPT는 균형 잡힌 시각에서 다른 문제들에 대해서 의견을 개진할 수 있다. 챗GPT에게 다양한 질문을 하면서, 사용자 자신도 편향된 시각이 아닌, 균형적 시각을 훈련할 수 있다.

9) 프롬프트의 패턴을 다르게 하라

챗GPT는 결국 학습된 자료에 의하여 결과물을 형성하게 된다. 그러므로 입력하는 정보가 잘못되고 오류가 있으면, 심각한 오답이 나올 수 있다. 2020년 국내 스타트업 스캐터랩이 12월에 챗봇 '이루다'를 출시하였다. '이루다는 사용자와 실시간으로 상호소통하는 '인터렉티브' 방식의 채팅이 가능했다. '이루다'는 출시되자마자 선풍적인 인기를 끌었지만, 불과 3개월 만에 서비스가 중단되었다. '이루다'와 채팅을 하는 사용자들이 이루다에게 지속적으로 성희롱과 차별 발언을 학습시켜 결국 챗봇인 '이루다'가 잘못된 발언들을 쏟아 내었기 때문이었다. 이를 수습하는 데 2년의 시간이 걸렸다.[53] 그러므로 챗GPT를 활용하는 사용자는, 분명한 철학과 세계관을 가지고 분별할 수 있어야 한다. 챗GPT를 무분별하게 남용하는 것이 아니라, 정확한 기준을 가지고 관리하여야 한다.

사용자가 챗GPT에게 내리는 모든 지시는 챗GPT 안에 학습되고 축적된다. 이러한 이유로 같은 형태나 비슷한 유형으로 알고리즘이 되어 쌓이게 된다. 챗GPT는 이같은 과정을 통하여 사용자의 특성과 유형을 감안하여 답변을 내게 된다. 그러므로 항상 같은 문장과 단어로 질문하지 않고, 이전과는 결이 다른 단어와 문장을 사용하면 새로운 관점에서 답변을 제시하여 준다. 같은 질문이라고 해도, 단어와 문장의 순서를 바꾸어 질의하면 이전에 제시한 내용이 다른 답변을 제시한다.

이러한 특징을 활용하여 다양한 각도와 관점에서의 의견을 구할 수 있다. 이러한 작업을 통하여 보다 입체적이고 폭넓은 자료를 구할 수 있게 된다.

---

53 전상훈, 최서연, 『챗GPT, 질문이 돈이 되는 세상』(미디어숲, 2023), 212.

10) 챗GPT 중독을 주의하라

넷플릭스에서 방영된 〈소셜 딜레마〉라는 다큐멘터리에서는 우연히 스마트폰을 통하여 과격분자들의 콘텐츠에 접속한 평범한 아이가 과격분자들의 하수인으로 전락하는 과정을 보여 준다. 수많은 디지털 콘텐츠에 의지하게 될수록 자아를 상실하게 된다. 컴퓨터와 인터넷을 사용할 수 없을 때 낙담하고 혼란스러워 일할 수 없고 손이 절단된 느낌이 들게 되어 무기력증에 빠지게 된다.[54]

'주의 소유권'은 내가 어떤 자극을 받을 것인지 숙고하고, 결정할 수 있는 권리이다. 디지털 문화가 급속히 발달하고, 사람들이 디지털 문화에 머무는 시간이 많아지면서, 거대 플랫폼 안에서 쉽게 길을 잃어버릴 수 있다. 이러한 증세가 '주의 소진'이다.[55] 극심한 디지털사회에 들어가면, 개인들은 그 주체성을 스스럼없이 '위임'하기 시작했다.[56] 이러한 상황에서 챗GPT의 사용자가 주도권을 가지는 것이 필요하다. 챗GPT는 알고리즘에 의하여 자료들을 생산할 뿐이다. 그러므로 챗GPT를 사용하는 사용자는 확고한 기준을 가지고 있어야 한다. 스마트폰을 통하여 많은 지식을 얻을 수 있지만, 스마트폰에 의존하다 보면 알고리즘에 의하여 세뇌될 수 있다.

자료에 의하면 2023년 현재 세계 인구 약 80억 명 중 약 70억 명이 스마트폰을 사용하고 있으며, 이중에 54%인 38억 명이 휴대폰에 중독되어 있다고 하니, 세계 인구의 48% 정도가 스마트폰에 중독되어 있는 셈이다. 무선 전화 역사는 1973년 모토로라에서부터 시작되었지만, 스마트폰 중독 역사는 애플 1세대 아이폰이 출시된 이후 연간 11억대 이상 판매된 2007년부터 2023년까지 16년간 매년 3%씩 증가해 왔기 때문에 2040년경에는 세계 인구의 80% 이상이 중독되어 건전한 사용자보다 중독된 사람이 훨씬 더 많은 역조현상이 일어날 우려가 있다.

스마트폰 중독으로 고통받는 사람들은 언어, 시력, 인지, 감정뿐만 아니라 자제력 조절을 담당하는 뇌 부위의 크기와 밀도에 약물 중독 자와 같은 물리적 변화가 생긴 것이 발견되어서 마약 중독만큼 치명 적일 수 있다

2013년에 개봉된 영화 〈그녀〉는 한 개인에게 최적화된 인공 지능 에게 주인공이 점차 몰입하게 되는 과정을 보여 준다. 이 과정이 점차 진행되면서 주인공은 인공 지능에 사랑을 느끼게 되고, 사랑에 깊이 빠지게 된다. 챗GPT는 사용자와 일대일의 상호적인 관계로 사용하기 때문에 사용자가 점차 챗GPT를 하나의 인격체로 간주하고, 점차 관 계에 중독될 수 있다.

---

54 니콜라스 카, 『유리감옥』(한국경제신문사, 2014), 34.

55 서울대학교 국가미래전략원, 『미래 관찰자의 살아 있는 아이디어』(포르체, 2023), 17-19.

56 서울대학교 국가미래전략원, 『미래 관찰자의 살아 있는 아이디어』(포르체, 2023), 107.

파트 요약

챗GPT를 제대로 활용하기 위해서는, 챗GPT가 어떤 것임
을 잘 이해하고 수칙들을 잘 지켜야 한다. 챗GPT가 주는
정보는 항상 팩트 체크 해야 하며 참고용으로 사용해야 하
고, 챗GPT를 사용할 때 주도권은 항상 사용자가 가져야
한다. 챗GPT와는 논쟁하지 말고, 칭찬을 하도록 하며, 챗
GPT는 균형적 시각을 지향하고, 챗GPT 중독을 주의해야
한다. 스마트폰이 확산하면서 중독이라는 심각한 부작용
을 초래하고 있는 것처럼, 챗GPT는 놀라운 능력을 나타내
지만, 우려할 만한 악영향을 나타내기도 한다. 챗GPT는
스마트폰 이상의 과몰입의 위험성을 항상 주의해야 한다.
챗GPT를 안전하게 사용하기 위해서는, 지침들을 충분히
인지하고 사용해야 한다.

결론

1980년대 사무실 vs 2024년 사무실

1980년대의 직장 사무실에서 책상은 복잡함 그 자체였다. 사무실에서 사용하는 모든 기기들이 직장인의 책상에 어지럽게 자리를 잡았다. 거래처와 통화하면서, 팩스를 보내고, 이를 타자기로 작업하고, 일일이 전자계산기로 확인하여야 했다. 벽에는 가족사진, 달력, 처리해야 할 업무를 기록한 포스트잇으로 가득하였다. 복잡한 근무 환경으로 인해, 필요한 사무용품을 못 찾아 낭패를 겪기도 했다.

2024년의 직장 사무실에서는 거의 모든 사무용 기기들이 스마트폰의 앱으로 해결되고, 컴퓨터로 대체되었다. 스마트폰과 컴퓨터를 통하여 SNS로 연락하고, 컴퓨터에서 다양한 기능을 활용하여 대부분 작업을 수행하게 되었다. 그로 인해 1980년대의 책상을 차지하였던 종이들은 대부분 컴퓨터 안으로 들어갔다. 이로 인하여 지금의 사무실 풍경은 40년 전의 풍경에 비하여 완전히 다른 세상이라고 할 만큼 달라지고 바뀌게 되었다.

1980년대 교회 vs 2024년 교회

1980년대에 교회에 OHP가 도입되면서, 융판 설교가 점차 사라지게 되었다. 1990년 초반부에 개인 컴퓨터가 보급되면서, 서류로 하는 작업들이 점차 대체되었다. 1990년대 중반부에 인터넷이 활성화되기 시작하면서, 교회 요람도 직접 인쇄실로 가지 않고, 인터넷으로 작업을 하였다. 2000년대 초반에는 스크린의 발전으로 강단 앞에 대형 스크린을 두고 찬양하기 시작했다. 2007년 이후에 스마트폰이 도입되면서는 또 다른 변화가 생겨나고 있다. 이처럼 기술과 문명의 발달은 교회와 무관한 것이 아니라, 더욱 효율적으로 개선되는 방향으로 이루어졌다. 물론 아날로그로 교회가 운영될 때의 장점들도 많지만, 기술의 진보를 잘 수용하면 다양한 작업들을 훨씬 시간과 비용을 줄일 수 있고, 더욱 본질적인 사역에 집중할 수 있게 된다.

관심에서 주도적인 위치로

챗GPT가 처음 출시되었을 때에, 나는 고신대학교에서 '메타버스와 인공 지능'이라는 과목을 강의하고 있었다. 나는 챗GPT를 수없이 많은 신제품과 새로운 개념들이 쏟아지는, IT계의 새로운 신제품으로 생각했다. 나는 대학생들에게 학과목의 수업을 진행하려고 지속적으로 숙지하면서 챗GPT의 흐름을 지켜보았다. 2021년 OpenAI에서 출시된 챗GPT 3.5는 처음에는 챗GPT의 환각 현상이 주된 사건이었다. '신사임당과 정약용의 대화'는 챗GPT의 미숙함을 보여 주는 사건으로 계속 회자되었다. 하지만 불과 6개월 후에 챗GPT가 4.0으로 업그레이드되면서 챗GPT의 위력이 본격적으로 나타나기 시작했다. 챗GPT 4.0은 엄청난 충격을 가져다 주었으며, 모든 사람의 기대를 넘어섰다. 챗GPT 3.5는 미국 변호사 시험에 하위 30%로 불합격하였지만, 챗GPT 4.0은 상위 15%에 해당하는 합격점을 받았다. 챗GPT의

약점이라는 환각 현상을 상당히 수정한 챗GPT 4.0은 인공 지능이 대체할 수 없어 보이는 영역에서도 챗GPT는 예상외의 위력을 발휘하면서 엄청난 변화를 일으키고 있다.

챗GPT의 이러한 활약에 위기를 느낀 미국 할리우드의 작가협회가 파업할 정도였다. 기업체에서는 이러한 시대의 변화에 주도적으로 대응하려고 한다. 챗GPT로 대표되는 인공 지능을 적극적으로 활용하여 효율적인 경영으로 거듭나고 있다. 이러한 상황을 제대로 적응하지 못한 이들은 점차 과거의 유물로 전락하게 된다. 그러므로 챗GPT를 정확하게 이해하고 잘 작용하는 노력이 더욱 요구되고 있다.

작은 걸음, 위대한 도약

유튜브가 처음 나왔을 때는, 단지 아이들이 시간을 보내는 동영상 앱 정도로 여겨졌으나, 지금은 거대한 플랫폼으로 변모했다. 유튜버가 유망한 직업군으로 등장할 정도로, 다양한 콘텐츠로 인하여 단지 재미만을 넘어, 교육, 금융, 산업, 마케팅, 의료, 제조업, 연예, 스포츠 등의 거의 모든 영역을 아우르는 거대 미디어가 되었다. 또한 유튜브를 통하여 코로나 시대에 온라인 예배를 통하여, 예배의 공백이 해결되었다. 다니엘기도회는 전국 16,000교회가 동참하는 놀라운 새로운 영적 통로가 되기도 했다. 이처럼 새로운 기술은 거의 모든 영역에 영향을 주는 상황으로 변모하게 되었다. 처음에는 단지 장난처럼 보이는 것이 문명의 틀을 바꿀 수 있다. 스마트폰의 시대가 되면서, 스마트폰은 더 이상 선택의 영역이 아니다. 이제는 스마트폰을 어떻게 활용하는지가 중요한 시대가 되었다. 챗GPT가 등장하고 그 영향력이 점차 확대되는 것은, 스마트폰이 영향을 미치는 속도와 범위는 비교가 되지 않을 정도로 넓고 강력해지고 있다. 인공 지능은 이미 전문가들의 예측을 훨씬 뛰어넘어 커다란 영향력을 나타내고 있다.

세상을 바꾸는 기술은 15년 단위로 나왔다. 1980년대에 컴퓨터가 도입되기 시작했으며, 1995년에는 인터넷이 사용되기 시작했다. 2010년에는 스마트폰이 본격적으로 활용되었고, 2025년경에는 인공 지능이 보편화될 것이다. 2007년 스마트폰이 등장하면서 시장이 작동하는 전통적인 법칙이 달라졌다. 새롭게 형성된 앱의 생태계는 미국만이 아닌 전 세계의 경제 흐름과 시스템을 완전히 바꾸었다. 스마트폰이 등장하기 이전에 성공이라는 방식은 막대한 경비와 엄청난 투자가 필요하였다. 하지만 스마트폰의 앱스토어라는 생태계가 새롭게 등장하면서 자본과 조직이 없다고 하여도, 특별한 아이디어가 있으면 거대한 성공을 거둘 수 있게 되었다. 이는 아마존이 기존의 산업화 시대와는 완전히 다른 방식으로 세계에서 1, 2위를 다투는 기업이 된 결정적인 계기가 되었다.

게임 체인저로서의 챗GPT

새로운 도구가 일으키는 급속한 변화를 제대로 이해하고, 이에 맞추어 적응하는 이들이 시대의 주도권을 잡게 된다. 챗GPT를 위시한 인공 지능의 시대가 도래하면서, 인공 지능은 어떤 직업을 대체할 것인가에 대해 많은 이가 촉각을 곤두세운다. 하지만 인공 지능이 사람들 직업을 대체하는 것이 아니라, 인공 지능을 잘 활용하는 사람이 기존의 직업을 대체할 것이다. 그러므로 인공 지능을 두려워하는 것이 아니라, 인공 지능을 얼마나 잘 활용할 수 있는지가 핵심이다.

갈수록 인공 지능과 결합한 다양한 API들이 등장하고 있다. 스마트폰이라는 생태계가 조성되자, 스마트폰에서 구동시킬 수 있는 다양한 기능의 앱들이 홍수처럼 쏟아져 나왔다. 저마다의 창의적인 아이디어로, 스마트폰 하나로, 건강을 관리하고, 여행에 필요한 비행기, 숙소, 교통편의 예약, 상품 구입, 업무 처리 등의 수많은 영역을 실행할 수 있게 되었다. 그리하여 스마트폰 하나로 생활과 레저는 물론, 비즈니스까지 가능한 시대가 되었다.

2023년 11월 기준으로, 80억 명의 전 세계 인구 중 약 70억 명이 스마트폰을 사용한다고 한다. 이와 같이 스마트폰으로 일상을 살아가는 이들을 최재붕 교수는 '포노사피엔스'라고 규정하였다. 이러한 시대에 앱 하나만 제대로 개발하여도 이제는 엄청난 부를 축적할 수 있다. 2023년도 다니엘기도회에서 어르신 돌봄 프로젝트를 감당하시는 호용한 목사님의 간증 속 개업 예배 이야기에서 깊은 은혜를 느꼈다. 호 목사님은 한 청년의 개업 예배를 여섯 번이나 드린 적이 있다고 했다. 그 청년은 여섯 번이나 사업에 실패한 것이다. 그럼에도 청년은 절대로 포기하지 않았다. 그러다 일곱 번째 개업 예배를 드렸는데, 그 업체가 '배달의 민족'이었다. 이후 '배달의 민족'은 2022년 매출액이 3조 원에 육박하는 거대 기업이 되었다. 스마트폰의 등장 이후에 자본이 움직이는 방식이 바뀌며 이런 일들이 가능하게 되었다. 하지만 챗GPT는 스마트폰이 일으킨 변화보다 더욱 강력하고 거대한 변화를 이미 일으키고 있다.

이처럼 세상의 변화에 빠른 이들은, 재빠른 태세전환으로 많은 이

익을 올리게 된다. 문명의 전환기를 알아차리고, 잘 적응하는 이들은 커다란 성공을 거두게 된다. 이제 인공 지능은 새로운 시대를 여는 게임 체인저로서의 기능을 드러내고 있다.

이 세대의 아들들이 자기 시대에 있어서는
빛의 아들들보다 더 지혜로움이니라(눅 16:8b)

그러므로 목회자와 사역자는 회중들과 학생이 이러한 시대의 변화를 인지하고, 대비하며, 활용할 수 있게 돕는 역할을 해야 한다. 그것이 리더의 사명이다. 그러므로 목회자와 사역자들에게는 '상식의 교체'가 필연적으로 요청된다.

리더는 자기가 간 곳까지만 인도할 수 있다

모세와 여호수아는 탁월한 리더였다. 그런데 두 사람에게는 결정적인 차이가 있다. 모세는 애굽 땅의 이스라엘 백성을 자유하게 했고, 여호수아는 이스라엘 백성을 가나안으로 인도하고, 가나안 정복 전쟁을 승리로 인도했다. 이는 하나님의 구속사의 과정에서 각자 맡은 역할을 감당한 것이다. 그런데 이러한 상황을 다르게 보면, 모세의 영역은 미디안 광야까지였지만, 여호수아는 가나안을 정탐하였다. 광야까지만 가 보았던 모세의 리더십은 광야에서 멈추고, 가나안을 가 보았던 여호수아는 가나안으로 이스라엘을 인도하였다. 그렇다. 지도자가 간 곳까지 그가 이끄는 무리를 인도할 수 있다.

과거 농경 시대에 나이가 많은 앞선 세대들은 자라는 세대들에게

존경받았다. 기존의 기성 세대들이 평생을 살면서 체험하여 축적한 기술과 지혜는 후대에게 매우 중요한 매뉴얼이었기 때문이다. 그러한 지식의 보고가 어르신들이 가지는 권위의 기초였다. 그러나 산업 혁명이 발생하면서, 앞선 세대가 살았던 시대와는 완전히 다른 세상이 되었다. 기성 세대들의 지식과 경험은 새로운 시대에는 적합하지 않았다. 그로 인하여 기성 세대들은 미래 세대들에게 영향력을 점차 잃어 가게 되었다. 이러한 리더십의 상실은 교회에서도 다르지 않다. 목회자는 자기들에게 주어진 양들을 진리로 인도하는 중요한 사명이 있다. 하지만 목회자들이 과거의 경험 속에서만 갇혀 있으면, 새롭게 변모한 시대를 살아가는 새로운 세대들에게는 전혀 영향력을 행사할 수 없다. 그러므로 목회자들은 계속해서 배움을 감당해야 한다.

챗GPT, 누구에게나 새로운 기회

"미래는 이미 와 있다. 다만 모두에게 균등하게 와 있는 것은 아니다."

"The future is already here, it's just not very evenly distributed."

이는 캐나다 국적의 SF작가인 윌리엄 깁슨이 한 말이다. 새로운 기술이나 문명이 개발되고 도입되는 시기는 누구에게나 동일하다. 하지만 이에 대한 반응은 각기 다르다. 새로운 기술이 대두되면, 이에 대하여 무관심하거나, 강력하게 거부하기도 하지만, 누군가는 적극적으로 활용하기도 한다. 새로운 문명에 익숙해지고, 이를 제대로 활용하는 것은 어려운 일이다. 그럼에도 새로운 시대의 변화에 익숙해지는 것은 이후에 펼쳐지는 시대에 적응하기 위함만이 아니다. 새로운 기술과 문화를 통하여, 업무의 효율성과 기능의 극대화를 이룰 수 있다면, 이는 채택해야 할 중요한 과제가 된다. 인공 지능이 점차 대중화되고, 전파되는 상황에서 혜성처럼 등장한 챗GPT에 여러 문제점이 있는 것은 사실이지만, 또한 다양한 분야에서 효율성을 올리는 장점들이 있다.

그래서 이 책은 시작되었다. 챗GPT가 목회와 교회 교육 등 다양한 영역에서 어떤 도움이 되고, 무엇을 주의해야 할 것인가를 알려 주려고 이 책은 기록되었다. 누구라도 챗GPT를 활용할 수 있도록 돕는 것이 이 책을 기록한 목적이다. 기술과 장비는 언제나 가치 중립적이다. 그 기술과 장비를 누가 어떤 목적으로 사용하는가에 따라서 그 결과는 첨예한 차이점을 드러낸다. 이미 상업적인 목적과 학문과 대중문화와 오락의 영역에서 인공 지능을 활용하는 사례는 피부로 느낄만큼 다양하게 일어나고 있다. 챗GPT는 분명히 누구에게나 새로운 기회를 제공하고 있다.

목회자와 사역자와 성도들은 이런 시대의 대격변기에 바벨론 시대에 살았던 다니엘과 세 친구를 생각해야 한다. 그들은 바벨론의 언어와 문화, 철학과 모든 학문을 익혔고, 이를 통하여 오히려 하나님의 영광을 드러내는 통로로 사용하였다. 디지털 바벨론 시대를 지나, 인공 지능 바벨론의 시대에 돌입한 상황에서, 기독교 세계관으로 이를 어떻게 대처할 것인가를 철저히 살피며 활용해야 할 것이다.

그리스도인들에게는 누구에게나 시대적인 사명이 있고, 그 사명을 이루기 위하여 그 시대의 기술을 사용하는 것은 현명한 일이며, 과제이다. 중세 시대의 암흑기를 깨뜨린 종교 개혁은 당시의 혁명적 기술인 구텐베르크의 인쇄술을 활용하여 성경을 인쇄하고 보급한 것이 결정적인 열쇠가 되었다. 코로나 팬데믹으로 인하여 예배가 막히던 상황에서 온라인으로 예배가 이어지고, 각종 집회가 가능해졌다.

그와 같이 인공 지능 시대가 도래하는 시기에, 챗GPT를 통하여 하나님의 영광을 선포하는 것은, 이 시대를 살아가는 모든 그리스도인에게 주어진 거룩한 사명이며, 놀라운 기회라고 생각한다. 이 책을 통하여 많은 분이 챗GPT를 이해하고, 활용하는 데 큰 도움이 되어, 다양한 영역에서 놀라운 성취가 있기를 진심으로 축복한다.

나는 챗GPT를
이렇게 사용한다

초판 1쇄 발행일 2024년 4월 4일

지은이 김현철

발행인 김은호
편집인 주경훈
편집 김나예, 박선규, 권수민, 이민경, 문은향
디자인 박정호 디엔에이디자인

발행처 도서출판 꿈미
등록 제2014-000035호(2014년 7월 18일)
주소 서울시 강동구 양재대로81길 39, 2층 2호
전화 070-4352-4143, 02-6413-4896
팩스 02-470-1397
홈페이지 http://www.coommi.org
쇼핑몰 http://www.coommimall.com
메일 book@coommimall.com
인스타그램 @coommi_books

ISBN 979-11-93465-15-8 03230

도서출판 꿈미는 가정과 교회가 연합하여 다음 세대를 일으키는 대안적 크리스천
교육기관인 사단법인 꿈이 있는 미래의 사역을 돕기 위해 월간지와 교재, 각종 도서를
출간합니다.